social media und recht
juristische fallstricke im social media marketing

nils weber & markus robak

Das Werk, einschließlich aller seiner Teile, ist urheberrechtlich geschützt. Jede Verwertung außerhalb der engen Grenzen des Urheberrechtsgesetzes ist ohne Zustimmung der scm c/o prismus communications GmbH unzulässig und strafbar. Das gilt insbesondere für Vervielfältigungen, Übersetzungen, Mikroverfilmungen und die Einspeicherung und Verarbeitung in elektronische(n) Systeme(n).

Weichselstraße 6
10247 Berlin
Tel. 030 47989789
Fax 030 47989800
www.scmonline.de

Redaktion: Theresa Schulz
Lektorat: Bernd Stadelmann
Satz und Layout: Jens Guischard
Druck: D + S Druck & Service GmbH

Alle Rechte vorbehalten.
© scm c/o prismus communications GmbH, Berlin 2012

1. Auflage: September 2012
ISBN: 978-3-940543-20-2

INHALTSVERZEICHNIS

Einleitung	7
Die Nutzungsbedingungen der Social Media	9
Marken und Namensrechte	17
Impressumspflicht	21
Datenschutzrecht	33
Urheberrecht	51
Markenrecht	69
Wettbewerbsrecht	73
Presse- und Äußerungsrecht	91
Allgemeine Haftungsfragen	97
Social Media Guidelines im Betrieb	103
Abwehr rechtsverletzender Darstellungen	107

EINLEITUNG

Das Internet ist als Werbe- und Verkaufsplattform für Unternehmen nicht mehr wegzudenken. Für Social Media ist das Web 2.0 von vergleichbarer Bedeutung und hat sich inzwischen als feste Größe etabliert.

Social Media sind interaktive Internetdienste, wie Wikis, Blogs, Feeds und soziale Netzwerke, in denen jeder Nutzer Inhalte veröffentlichen und jedermann alle Inhalte wahrnehmen kann. Durch das Verlinken von Inhalten und Personen entsteht ein soziales Netzgeflecht.

Damit einher geht ein enormes Werbepotential für Unternehmen, völlig neue Kommunikationsformen drängen ins Netz. Doch ebenso umfangreich wie die Möglichkeiten sind auch die Rechtsfragen, die das Web 2.0 aufwirft. Die Anonymität und die Vielzahl der Akteure, die weltweite Abrufbarkeit, die unkontrollierte Kombination und Verbreitung der Inhalte sowie die Verbindung von Privatem und Kommerziellem sind in dieser Form beispiellos.

- Wem gehören die Inhalte (Wortbeiträge, Bilder, Videos)?
- Liegt eine private oder geschäftliche Nutzung vor?
- Wer ist für etwaige Rechtsverletzungen verantwortlich?
- Welches Recht ist anwendbar?
- Ist es überhaupt möglich, Inhalte wieder aus dem Netz zu entfernen?
- Welche datenschutzrechtlichen Auswirkungen haben die angewandten Verknüpfungstechniken?

Diese und weitere Fragen werden in diesem Buch geklärt.

DIE NUTZUNGSBEDINGUNGEN DER SOCIAL MEDIA

Durch den Aufbau einer Unternehmens-Seite in Social Media erhofft sich der Betreiber einen werbewirksamen Auftritt, der ihn unmittelbar in Kontakt mit den Kunden bringt und für eine Umsatzsteigerung sorgen soll. Doch bevor eine solche Seite erstellt wird, muss zunächst geklärt werden, ob überhaupt eine kommerzielle Nutzung auf der ausgewählten Plattform erlaubt ist und in welchem Umfang das geschehen darf, denn bei Verstößen droht dem Ersteller eine vorübergehende oder sogar endgültige Sperrung bzw. Löschung seiner Seite.

Zudem könnte die erhoffte Werbewirksamkeit schnell in ein PR-Desaster umschlagen, denn wenn Manipulationen oder unzulässige Verwendungen im Netz bekannt und dann unaufhaltsam verbreitet werden („Seite melden"), besteht die nicht abzuschätzende Gefahr eines sogenannten „Shitstorms".

Bei Twitter, YouTube und Google+ finden sich derzeit keine besonderen Bestimmungen für kommerzielle Werbeauftritte. Auf diesen Plattformen wird lediglich das Verbot von Rechtsverletzungen in den Nutzungsbedingungen beispielhaft aufgeführt. Allerdings stützen sich viele dieser Bedingungen auf ausländische Rechtsgrundsätze, wobei meist eine unmittelbare Übersetzung aus dem Englischen ins Deutsche vorliegt. Verständnisprobleme und Fragen nach dem Geltungsbereich häufen sich. In der Rechtsprechung werden in zunehmendem Maße Allgemeine Geschäftsbedingungen (AGB) von Social-Media-Plattformen in Deutschland für unwirksam erklärt.

Bei Xing ergibt sich aus Ziffer 5 der AGB für Unternehmensprofile, dass Multi-Level-Marketing nicht zulässig ist. Auch dürfen keine für Xing unzumutbaren Inhalte eingestellt oder Links auf Drittseiten gesetzt werden.

DIE NUTZUNGSBEDINGUNGEN DER SOCIAL MEDIA
NUTZUNGSBEDINGUNGEN VON FACEBOOK

Umfangreiche, aber keinesfalls immer klare und wirksame Regelungen finden sich bei Facebook. Hier ist durch die strikte Trennung von Profilen und Seiten erwünscht und rechtlich umgesetzt, dass Unternehmen werbewirksame Auftritte in diesem sozialen Netzwerk erstellen.

PROFILE sind für die private Nutzung bestimmt. Dort gibt es nicht den „Gefällt mir"-Button, sondern den „FreundIn hinzufügen"-Button. Man kann sich mit anderen Usern „anfreunden" und ihnen Nachrichten senden. Man erhält Werbung und die „Freunde" werden aufgelistet.

Facebook-Profil, Quelle: facebook.com

DIE NUTZUNGSBEDINGUNGEN DER SOCIAL MEDIA

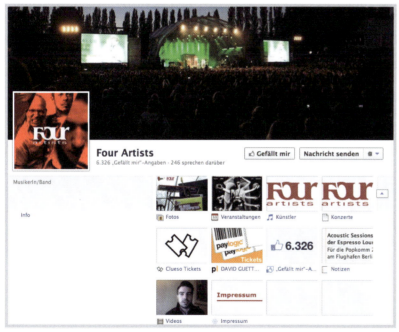

Facebook-Seite, Quelle: facebook.com/fourartists

SEITEN sind für Unternehmen und in der Öffentlichkeit stehende Personen. Es kann nur passiv Kontakt zu Usern über den „Gefällt mir"-Button aufgenommen werden. Es wird (noch) keine Werbung Dritter angezeigt und es gibt keine „Freunde".

DIE NUTZUNGSBEDINGUNGEN DER SOCIAL MEDIA

Für Unternehmen sind die allgemeinen und speziellen Regelungen über „Seiten" von Bedeutung. Diese Regelungen finden sich vollständig abrufbar unter http://de-de.facebook.com/legal/terms.

Zu nennen sind:
- Erklärung der Rechte und Pflichten [ERuP] – Allgemeine Regelungen
- Richtlinie für Promotions – Spezielle Vorgaben für die Seitennutzung zu Werbezwecken
- Werberichtlinien – Spezielle Vorgaben zur Schaltung von Werbung auf Drittseiten
- Datenschutzrichtlinie
- Nutzungsbedingungen für Seiten – Spezielle Bedingungen für Seiten
- Bestimmungen für Nutzer mit Wohnsitz in Deutschland

Der Umfang der Bestimmungen lässt es hier nicht zu, auf alle Regelungen einzugehen.
Wichtig sind jedoch insbesondere folgende Bestimmungen:
- Vertragspartner: Facebook Ireland Ltd., Ziff. 19 Nr. 1 ERuP
- Anwendbares Recht: Ziff. 16 Nr. 1 ERuP Recht des Staates Kalifornien, aber Ziff. 17 Nr. 3 ERuP mit Ziff. 5 Richtlinie für Deutsche bringt deutsches Recht zur Anwendung
- Zuständige Gerichte: Santa Clara Kalifornien, Ziff. 16 Nr. 1 ERuP
- Sperrung bei Vertrags-, Rechtsverstoß oder Missfallen, Ziff. 15 ERuP
- Umfassende einfache Nutzungslizenz an Facebook, Ziff. 2 ERuP

DIE NUTZUNGSBEDINGUNGEN DER SOCIAL MEDIA
PROBLEM DER LIZENZEINRÄUMUNG

Besondere Vorsicht ist beim Einstellen von rechtlich geschütztem Material geboten. Zum Beispiel ist die Lizenzeinräumung bei Facebook sehr weitreichend gefasst. Sie ergibt sich aus Ziff. 2 Nr. 1 der Facebook Nutzungsbedingungen:

„Für Inhalte wie Fotos und Videos, die unter die Rechte an geistigem Eigentum fallen, („IP-Inhalte") erteilst du uns, sofern du in deinen Privatsphäre- und Anwendungseinstellungen nichts anderes einstellst, die folgende Erlaubnis: Du gibst uns eine nicht-exklusive, übertragbare, unterlizenzierbare, gebührenfreie, weltweite Lizenz für die Nutzung jeglicher IP-Inhalte, die du auf oder im Zusammenhang mit Facebook postest („IP-Lizenz"). Diese IP-Lizenz endet, wenn du deine IP-Inhalte oder dein Konto löschst, außer deine Inhalte wurden mit anderen Nutzern geteilt und diese haben die Inhalte nicht gelöscht."

Danach wäre für Facebook praktisch jede Nutzung von Drittrechten auch außerhalb der Plattform möglich.

Immerhin erfolgt eine Einschränkung der Nutzungsbedingungen für deutsche Nutzer in Ziff. 1 der Sonderregelungen:

„Ziffer 2 ERuP gilt mit der Maßgabe, dass unsere Nutzung dieser Inhalte auf die Verwendung auf oder in Verbindung mit Facebook beschränkt ist."

DIE NUTZUNGSBEDINGUNGEN DER SOCIAL MEDIA

Andere Plattformen haben ganz ähnliche und teilweise noch weitergehende Regelungen, wie z.B. YouTube, in Ziffer 10 seiner AGB.

Solche Klauseln sind nicht nur aufgrund des wesentlichen Grundsatzes des Urheberrechts, der Zweckübertragungslehre nach § 31 Abs. 5 UrhG in ihrer rechtlichen Wirksamkeit fraglich, sondern auch in Bezug auf die einschränkende Verwendungsbefugnis von allgemeinen Geschäftsbedingungen, die gemäß § 305c BGB transparent sein müssen und nicht überraschend sein dürfen.

> **§ Recht**
>
> Aufgrund eines Urteils des LG Berlin vom 06.03.2012 wurde es Facebook untersagt, gegenüber Verbrauchern mit Wohnsitz in Deutschland u.a. die IP-Lizenzklausel auch mit der Einschränkung für deutsche Nutzer zu verwenden, da die Bestimmung von wesentlichen Grundgedanken der gesetzlichen Regelung gemäß § 307 Abs. 2 Nr. 1 BGB abweiche und nicht mit ihr zu vereinbaren sei. Es liege ein Verstoß gegen die Zweckübertragungslehre als wesentlichem Grundsatz des Urheberrechts vor. Dieser beruhe auf dem Leitgedanken einer möglichst weitgehenden Beteiligung des Urhebers an der wirtschaftlichen Verwertung seines Werkes und einer möglichst geringen Aufgabe bzw. Übertragung seiner Ausschließlichkeitsrechte.

Diese Rechtsprechung führt dazu, dass die IP-Lizenzklausel zumindest gegenüber deutschen Nutzern unwirksam ist.

DIE NUTZUNGSBEDINGUNGEN DER SOCIAL MEDIA
SICHERUNG DER CONTENT-RECHTE

Die Rechte an Fotos, z.B. aus Fotowettbewerben, Spots oder sonstigem Content, die Nutzer z.B. auf die Facebook-Seite eines Unternehmens hochladen, kann sich der Betreiber der Seite grundsätzlich durch eigene Nutzungs- oder Teilnahmebedingungen sichern.

Nach den neuen Facebook-Nutzungsbedingungen ist klargestellt, dass nur solche eigenen Bedingungen unzulässig sind, die im Widerspruch zu den ERuP, der Datenverwendungsrichtlinie oder den Nutzungsbedingungen von Facebook stehen.

Eine Analyse der Rechte, die der Teilnehmer vorab schon dem Diensteanbieter übertragen hat bzw. die selbst dem Diensteanbieter übertragen werden, ist erforderlich. Unter Umständen ist kein ausreichender Rechtserwerb auf der Plattform mehr möglich.

Die Sicherung der Rechtsübertragung sowie der Möglichkeit zur Bearbeitung, auch bei sogenannten Crowd-Sourcing-Projekten, also Gemeinschaftswerken, bei denen mehrere das Recht gemeinsam halten, sollte erreicht werden.

MARKEN UND NAMENSRECHTE

In einem weiteren Schritt ist zu prüfen, ob der Social-Media-Auftritt unter dem Namen bzw. der Marke des Unternehmens geführt werden kann oder ob die Domain oder der Account durch Dritte blockiert ist.

Beim Betrieb einer Seite im Internet und gerade im Social Media Bereich sind der Name oder die Marke das wesentliche Erkennungsmerkmal eines Unternehmens. Hier ist es wichtig, dass es nicht zu Verwechslungen kommt oder gar der gute Ruf des Unternehmens durch Dritte ausgenutzt wird. Jedes Unternehmen hat ein Interesse, unter seiner Firmenkennzeichnung oder Marke gefunden zu werden.

Die Benutzung einer geschützten Marke durch Dritte, zum Beispiel als Domain- oder Account-Name (z.B. facebook.com/mercedes), stellt in der Regel bereits eine markenmäßige Verwendung dar, wenn die Seitenbesucher darin einen Hinweis auf die betriebliche Herkunft der darunter angebotenen Leistungen sehen (Kammergericht, Urt. v. 1.4.2011, Az. 5 W 71/11 – Delphi).

Eine solche markenmäßige Verwendung kann vom Rechteinhaber unterbunden werden, wenn der Nutzer diese Verwendung im geschäftlichen Verkehr begeht und kein älteres Recht hat.

Eine Verwendung im geschäftlichen Verkehr kann bereits dann vorliegen, wenn der Betreiber einer Seite Bannerwerbung geschaltet hat (BGH, Urt. v. 18.11.2010, Az. I ZR 155/09 – Sedo).

MARKEN UND NAMENSRECHTE
NAMENSRECHTE

Falls keine Verwendung im geschäftlichen Verkehr vorliegt, kann eine Verletzung älterer Namensrechte oder ein Eingriff in ein sonstiges Recht vorliegen, so dass auf diesem Wege der von Dritten belegte Account von dem betroffenen Unternehmen erlangt werden kann.

Auf eine Namensrechtsverletzung kann man sich dann berufen, wenn ein Dritter unbefugt den gleichen Namen gebraucht und dadurch Verwirrung über die Zuordnung zum Namensgeber verursacht, so dass auf diese Weise dessen schutzwürdige Interessen verletzt werden (BGH, Urt. v. 24.04.2008, Az. I ZR 159/05 – afilias.de).

Wird eine Domain registriert, die den entsprechenden Namen beinhaltet, liegt meist eine namensmäßige Verwendung vor (BGH, Urt. v. 22.11.2001, Az. I ZR 138/99 – shell.de).

Ältere Namensrechte kann man allerdings nicht ohne weiteres aus Pseudonymen, Alias- oder Künstlernamen herleiten, es sei denn, dass diese Namen im Rechts- bzw. Wirtschaftsverkehr eine gewisse Bekanntheit erreicht haben (BGH, Urt. v. 26.06.2003, Az. I ZR 296/00 – maxem.de).

Schließlich ist im Namensrecht das sogenannte Recht der Gleichnamigen zu beachten, wenn also zwei Personen den gleichen Namen haben und daher vom Grundsatz her gleichwertige Ansprüche auf den Account-Namen geltend machen können.

MARKEN UND NAMENSRECHTE

Hier gilt das Prioritätsprinzip, so dass derjenige, der den Account zuerst registriert, grundsätzlich auch berechtigter Inhaber ist. Nur wenn es zu Irreführungen kommen kann, ist ein Hinweis auch auf den anderen Namensträger vorzunehmen (BGH, Urt. v. 11.04.2002, Az. I ZR 317/99 – vossius.de).

Stehen sich ein Name mit überragender Bekanntheit, z.B. „SHELL" und der einer Person „A. Shell" gegenüber, hat der Namensinhaber zwar grundsätzlich die gleichen Rechte. Im Falle einer solch überragenden Bekanntheit der einen Seite kann aber vom Gleichnamigen ein Zurücktreten und die Verwendung einer anderen Domain verlangt werden, um eine Irreführung zu vermeiden (BGH, Urt. v. 22.11.2001, Az. I ZR 138/99 – shell.de).

IMPRESSUMSPFLICHT

Social-Media-Angebote fallen begrifflich unter die sogenannten Telemedien, für die das Telemediengesetz (TMG) eine Reihe von Vorschriften enthält. Nach § 5 TMG sind Anbieter von Telemedien verpflichtet, in ihrem Angebot bestimmte Informationen über sich selbst zu veröffentlichen. Auch wenn das Gesetz selbst diesen Begriff nicht verwendet, werden diese Informationspflichten gemeinhin Impressumspflicht genannt.

Der Wortlaut beschränkt die Impressumspflicht auf „geschäftsmäßige, in der Regel gegen Entgelt angebotene Telemedien". Dies ist allerdings irreführend. Gemeint sind hier kommerzielle oder gewerbliche Angebote in Abgrenzung von rein privaten Websites. Jeder Unternehmensauftritt muss daher ein Impressum aufweisen, unabhängig davon, ob das Angebot kostenpflichtig ist oder – wie in der Regel – kostenfrei genutzt werden kann.

Lange Zeit war weithin unbekannt, dass die Impressumspflicht des § 5 TMG nicht nur für eigene kommerzielle Webangeboten gilt, sondern auch für Unternehmen und Gewerbetreibende, die ihre Angebote über Plattformen Dritter vertreiben. Zahllose „Powerseller" erhielten daraufhin Abmahnungen, weil ihre Angebotsseiten etwa auf Ebay kein eigenes Impressum aufwiesen.

Seit die Rechtslage durch diverse Gerichtsurteile geklärt ist, scheint der Verstoß gegen die Impressumspflicht, die übrigens auch für Autohändler bei mobile.de oder für Immobilienmakler bei immoscout.de gilt, eher selten geworden zu sein.

IMPRESSUMSPFLICHT

Bis vor Kurzem schien es allerdings, als würde sich die soeben beschriebene Geschichte beim Social Media Marketing wiederholen. In Facebook-Auftritten auch namhaftester Unternehmen fand sich weit und breit kein Impressum, obwohl an sich nicht zweifelhaft sein konnte, dass die zu Ebay etc. ergangene Rechtsprechung auch für kommerzielle Seiten in sozialen Netzwerken gilt.

Vermutlich war dies anfänglich auf die „Goldgräberstimmung" zurückzuführen, als viele Unternehmen kurzfristig und mit möglichst geringem Aufwand Social-Media-Auftritte einrichten ließen, um nicht den gerade aufkommenden Trend zu verpassen. Mittlerweile hat die Rechtsprechung auch für Facebook & Co. klargestellt, dass kommerzielle Seiten ein Impressum aufweisen müssen (vgl. z.B. LG Aschaffenburg, Urt. v. 19.08.2011, Az. 2 HK O 54/11).

Die Impressumspflicht gilt auch für Angebote über mobile Apps z.B. für das iPhone. Gerade die Facebook-App birgt für Unternehmensauftritte insoweit allerdings rechtliche Risiken.

IMPRESSUMSPFLICHT
PFLICHTANGABEN IM EINZELNEN

Die erforderlichen Angaben im Impressum von Social-Media-Auftritten unterscheiden sich nicht von jenen Pflichtinformationen, die im Impressum der eigenen Unternehmens-Website zu finden sein müssen:

Notwendige Pflichtangaben nach § 5 TMG:
- Vollständig ausgeschriebener Vor- und Nachname des Betreibers
- Bei Unternehmen vollständiger Firmenname einschließlich Angabe der Rechtsform (z.B. GmbH, e.K. etc.)
- Ladungsfähige Adresse des Betreibers, kein Postfach
- Bei Unternehmen und juristischen Personen: Vorname, Name und Anschrift eines Vertretungsberechtigten, z.B. des Geschäftsführers (schon der fehlende Vorname stellt einen Rechtsverstoß dar!)
- Kontaktdaten: Angabe von mindestens zwei Kontaktmöglichkeiten
    - E-Mail-Adresse (zwingend!): ein Kontaktformular als Alternative genügt nicht
    - Telefonnummer (nicht zwingend erforderlich)
    - Weitere Kontaktmöglichkeit: Faxnummer oder Kontaktformular

Gegebenenfalls:
- Zuständige Aufsichtsbehörde
- Berufsständische Kammer, Berufsbezeichnung, berufsrechtliche Regelungen
- Handels-, Vereins-, Partnerschafts- oder Genossenschaftsregister mit Registernummer
- USt.-IdNr. (§ 27a UStG), Wirtschafts-IdNr. (§ 139c AO) – **NICHT:** Steuernummer

IMPRESSUMSPFLICHT

Viele Unternehmen legen Wert darauf, dass sich ihre Social-Media-Seite z.B. bei Facebook nicht in einem reinen Werbeauftritt erschöpft. Attraktiver Content, der nicht im Zusammenhang mit dem eigenen Unternehmen oder dessen Produkten oder Dienstleistungen steht, wird dem Nutzer geboten. Es gibt Musik-, Film- oder Freizeittipps und der Facebook-Moderator diskutiert mit den Nutzern über Ideen und Interessen aller Art.

Sobald solche Beiträge mit einer gewissen Regelmäßigkeit eingestellt werden, könnte die Seite als journalistisch-redaktionelles Angebot anzusehen sein. Details dazu werden im Kapitel Presse- und Äußerungsrecht behandelt. In diesem Fall ist es gemäß §§ 54 Abs. 2, 55 Abs. 2 Rundfunkstaatsvertrag (RStV) erforderlich, dass im Impressum ein Verantwortlicher im Sinne des Presserechts (V.i.S.d.P.) mit Namen und Anschrift benannt wird.

IMPRESSUMSPFLICHT
EINBINDUNGSVORAUSSETZUNGEN

Wer erstmalig für sein Unternehmen eine Facebook-Seite oder einen Kanal bei YouTube oder Twitter einrichtet, wird schnell feststellen, dass die meist in den USA ansässigen Provider dieser Plattformen die Impressumspflicht nach deutschem oder europäischem Recht nicht kennen oder für unwichtig erachten. Ein für die Pflichtinformationen vorgesehenes Feld sucht man vergebens.

§ 5 Abs. 1 TMG schreibt vor, dass die Pflichtinformationen „leicht erkennbar, unmittelbar erreichbar und ständig verfügbar" gehalten werden müssen. Der Begriff „Impressum" hat sich seit langem eingebürgert und wird auch von der Rechtsprechung anerkannt. Daher ist zu empfehlen, den Button oder Link, der zu den Pflichtinformationen führt, mit „Impressum" zu bezeichnen. Alternativ kann auch der Begriff „Kontakt" verwendet werden. Andere Bezeichnungen wie z.B. „Nutzerinformationen" oder lediglich „Info" sind dagegen unzulässig. Ebenso wenig genügt es, die Pflichtinformationen in die AGB oder die Datenschutzerklärung einzubinden.

An dieser Stelle machen es die gängigen Plattformen den deutschen Unternehmen schwer. Die für Unternehmensseiten oder -kanäle vorgegebenen Gestaltungen sehen weder Begriffe wie „Impressum" oder „Kontakt" noch überhaupt ein Feld für die Pflichtangaben vor. Unternehmensseiten bei Facebook weisen zwar standardmäßig den Button „Info" auf, aber gerade dieser Begriff genügt eben nicht den von der Rechtsprechung aufgestellten Anforderungen an die leichte Erkennbarkeit (vgl. z.B. LG Aschaffenburg, Urt. v. 19.08.2011, Az. 2 HK O 54/11). Mittlerweile lässt sich das Problem zumindest bei Facebook dadurch lösen, dass das Impressum in Form einer Anwendung, einer so genannten App (nicht zu verwechseln mit der iPhone Facebook-App) in die Facebook-Seite integriert wird. Eine solche App muss allerdings eigenständig programmiert werden, etwa durch die eigene IT-Abteilung oder eine externe Agentur.

IMPRESSUMSPFLICHT

Einbindung eines Impressums in Facebook-Unternehmensseite als App, Quelle: facebook.com

Eine vergleichbare Praxis ist bei YouTube und Twitter bislang nicht zu beobachten. Hier fehlt in den Auftritten selbst namhaftester Unternehmen noch jedes Bemühen, die Impressumspflicht zu erfüllen. Dabei kann ohne Weiteres mit einer bloßen Verlinkung gearbeitet werden. Dazu muss der Begriff „Impressum" oder „Kontakt" an sichtbarer Stelle der Seite eingefügt und dahinter ein Link auf das Impressum der Unternehmens-Website gelegt werden. Es ist nicht erforderlich, dass der Nutzer die Pflichtinformationen im Social-Media-Angebot selbst vorfindet.

IMPRESSUMSPFLICHT

Wichtig ist allerdings, dass der Link tatsächlich mit „Impressum" oder „Kontakt" bezeichnet wird und möglichst unmittelbar zum Impressum auf der Homepage führt. Es genügt daher nicht, wenn der Social-Media-Auftritt nur allgemein mit der Homepage des Unternehmens verlinkt, selbst wenn der Nutzer dort ohne Weiteres mit einem zweiten Klick zum Impressum gelangt.

Zu beachten ist ferner, dass im Falle einer Verlinkung die Angaben im Homepage-Impressum auch für den Social-Media-Auftritt zutreffen müssen. Das für die Facebook-Seite verantwortliche Unternehmen muss also mit dem Anbieter der Unternehmens-Website identisch sein. Sind dagegen etwa in einem Konzern zwei unterschiedliche Gesellschaften zuständig bzw. verantwortlich, müssen im Homepage-Impressum die Pflichtinformationen in Bezug auf den Social-Media-Auftritt gesondert angegeben werden.

Auf eigenen Websites findet sich der Impressum-Button standardmäßig in der Kopf- oder Fußzeile und ist damit von jeder Unterseite aus „unmittelbar erreichbar", so wie vom Gesetz gefordert. Auf die „unmittelbare Erreichbarkeit" sollte auch bei Social-Media-Auftritten geachtet werden. Bei der „App-Lösung" in Facebook (s.o.) bedeutet dies, dass die Impressum-App zu den vier ersten Apps auf der Startseite gehören sollte, weil nur diese vier direkt angezeigt werden, während weitere Apps erst aufgeklappt werden müssen.

IMPRESSUMSPFLICHT
SONDERPROBLEM: FACEBOOK-APP FÜR IPHONE & CO.

Darstellung Facebook-Unternehmensseite über Facebook-App

Als wäre die gesetzeskonforme Einbindung eines Impressums in eine Facebook-Unternehmensseite nicht schon schwierig genug, geht mit jedem Facebook-Auftritt ein – meist unbemerktes – Risiko einher. Denn die Darstellung von Facebook-Seiten über die iPhone-App weicht ganz erheblich von der herkömmlichen Ansicht ab. Insbesondere werden die selbstprogrammierten und in den Auftritt eingefügten Apps (s.o.) und damit auch ein Impressum auf dem Bildschirm des mobilen Endgeräts nicht angezeigt. Vielmehr umfasst die iPhone-Darstellung lediglich die „Pinnwand", den Reiter „Info" sowie Fotos.

Aus dieser optimierten, in Wirklichkeit aber reduzierten Darstellung ergeben sich Rechtsprobleme. Zwar hat kein Inhaber einer Facebook-Unternehmensseite irgendeinen Einfluss darauf, mit welchem Inhalt sein Auftritt über die Facebook-App für das iPhone abrufbar ist. Trotzdem ist er für die Wiedergabe verantwortlich. Dies haben das Oberlandesgericht Hamm (Urt. v. 20. 5. 2010, Az. 4 U 225/09) und das Landgericht Köln (Urt. v. 06.08.2009, Az. 31 O 33/09) in vergleich-

IMPRESSUMSPFLICHT

baren Ebay-Konstellationen entschieden. Auch dort wurden das Impressum und die Widerrufsbelehrung auf Ebay-Händler-Seiten in der optimierten Darstellung für Smartphones nicht angezeigt, woraufhin die betreffenden Händler jeweils zur Unterlassung verurteilt wurden. Tatsächlich kommt es für den Unterlassungsanspruch auf ein Verschulden nicht an, und auch der Einwand, man habe auf die optimierte Darstellung (oder hier: auf die Darstellung über die iPhone-App) keinen Einfluss, greift nicht durch. Die Konsequenz wäre deshalb, dass die entsprechende Händler- oder Unternehmensseite bei Ebay bzw. Facebook gänzlich aufgegeben wird, denn eine Handhabe, die Darstellung der fraglichen Seite allein auf dem Smartphone zu unterbinden, besteht für die Anbieter grundsätzlich nicht.

Allerdings will heute kaum ein Unternehmen auf einen Auftritt bei Facebook verzichten. Weitreichende Konsequenzen, die sich aus der Rechtsprechung ergeben könnten, wurden in der Praxis deshalb bisher nicht gezogen.

Checkliste Impressum

- Eine vollständige Darstellung der vorgeschriebenen Pflichtangaben vornehmen
- Die Begriffe „Impressum" oder „Kontakt" verwenden, bei Facebook durch selbst zu programmierende App
- Impressum möglichst im sichtbaren Bereich einbinden (langes Suchen oder Scrollen vermeiden)
- Die Erreichbarkeit des Impressums idealer Weise von jeder Seite des Auftritts ermöglichen
- Eine Einbindung der Pflichtangaben im eigentlichen Social-Media-Angebot ist nicht erforderlich; die unmittelbare Verlinkung auf das Impressum der Homepage genügt, sofern die dortigen Angaben den Verantwortlichen des Social-Media-Angebots benennen

IMPRESSUMSPFLICHT
RECHTSFOLGEN BEI VERSTÖSSEN GEGEN DIE IMPRESSUMSPFLICHT

Verletzungen der Impressumspflicht werden von den Gerichten nur in seltenen Fällen als Bagatellverstöße angesehen.

> **! Mögliche Konsequenzen**
>
> **Ordnungswidrigkeit, § 16 Abs. 2 Nr. 1 TMG**
> Bußgeld bis 50.000 €
>
> **Wettbewerbsverstoß über § 4 Nr. 11 UWG**
> Abmahnung, einstweilige Verfügung durch Wettbewerber und/oder Verbände
>
> **Verstoß gegen das Verbraucherschutzgesetz, § 2 Abs. 2 Nr. 2 UKlaG**
> Abmahnung, einstweilige Verfügung durch Verbraucherschutzverbände etc.

DATENSCHUTZRECHT

Seit langem stehen Soziale Netzwerke – und allen voran wiederum Facebook – wegen der Missachtung datenschutzrechtlicher Standards sowie des Umgangs mit Nutzerdaten permanent in der öffentlichen Kritik.

Zwar richtet sich diese Kritik im Wesentlichen gegen die Betreiber selbst, doch muss auch beim Social Media Marketing immer bedacht werden, dass Facebook-Unternehmensseiten oder die Verwendung von Social PlugIns ungewollt zu Verstößen gegen Datenschutzbestimmungen führen können.

In der Vergangenheit haben diverse Beispiele gezeigt, dass Verletzungen von Datenschutzgesetzen – abgesehen von rechtlichen Folgen – zu massiven Imageproblemen bis hin zu regelrechten Krisen führen können.

ANWENDBARES RECHT Facebook, Google & Co. berufen sich stets auf die Anwendbarkeit US-amerikanischen Rechts. Wegen der Geschäftssitze ihrer europäischen Niederlassungen in Dublin sei allenfalls noch irisches Recht anwendbar. Deutsche Datenschutzbehörden und Gerichte lassen diesen Einwand allerdings nicht gelten. Nach den Facebook-Nutzungsbedingungen ist zwischen Facebook und seinen deutschen Nutzern deutsches Recht vereinbart, nach Auffassung des Landgerichts Berlin auch deutsches Datenschutzrecht (LG Berlin, Urt. v. 06.03.2012, Az. 16 O 551/10). Aber auch ohne vertragliche Vereinbarung kommen die hiesigen Gerichte und Datenschützer auf gesetzlicher Grundlage ganz überwiegend zur Anwendbarkeit deutschen Rechts. Dementsprechend können sich deutsche Unternehmen bei ihren inländischen Social-Media-Aktivitäten keinesfalls auf eine fehlende Geltung deutscher Rechtsvorschriften berufen.

DATENSCHUTZRECHT

„Gefällt mir"-Button auf Homepage

„GEFÄLLT MIR"-BUTTON Zu einiger Bekanntheit hat es in jüngster Vergangenheit der „Gefällt mir"- oder „Like"-Button von Facebook gebracht – dank der ganz erheblichen datenschutzrechtlichen Probleme, die mit ihm verbunden sind. Erneut stand Facebook im Fokus der öffentlichen Diskussion, obwohl die „Social PlugIns" anderer Dienste wie Twitter oder Google+ nicht unbedingt datenschutzfreundlicher sind.

Der „Gefällt mir"-Button ist standardmäßig in Unternehmensseiten auf Facebook eingebunden.

Durch Anklicken werden Nutzer „Fans" der Seite und treten mit deren Inhaber in Kontakt. Die Zahl der sogenannten „Likes" ist das Maß der Beliebtheit einer Seite. Ein wesentliches Ziel des Facebook-Marketings ist die Steigerung der Zahl der „Fans" bzw. „Likes".

DATENSCHUTZRECHT

Die datenschutzrechtliche Diskussion, die ihren Höhepunkt in der zweiten Jahreshälfte 2011 erlebte, betraf allerdings die Einbindung des „Gefällt mir"-Buttons in die herkömmlichen Webauftritte von Unternehmen außerhalb von Facebook. Hierdurch sollen Besucher von der Homepage aus animiert werden, das Unternehmen zu „liken".

Im Wesentlichen bestehen fünf Probleme:
- Datenschutzerklärung
- Inhalt des Datenschutzhinweises
- Rechtsfolgen einer fehlenden oder unvollständigen Datenschutzerklärung
- Rechtswidrigkeit der Datenverwertung durch Facebook
- Haftung des Websitebetreibers

DATENSCHUTZERKLÄRUNG Wird der „Gefällt-mir"-Button in eine Website eingebunden, werden Daten von Besuchern der Seite an Facebook übermittelt. Wegen dieser datenschutzrechtlichen Relevanz muss der Website-Betreiber die Besucher über die Einzelheiten der Datenübermittlungen im Rahmen der Datenschutzerklärung informieren (Kammergericht Berlin, Beschl. v. 29.4.2011, Az. 5 W 88/11). Dies folgt ohne Weiteres aus der in § 13 Abs. 1 TMG normierten Pflicht des Diensteanbieters, die Nutzer seiner Seite über Art, Umfang und Zweck der dort erfolgenden Erhebung und Verwendung personenbezogener Daten aufzuklären.

DATENSCHUTZRECHT

Eine typische Datenschutzerklärung enthält – unabhängig von Social-Media-Auftritten – typischerweise folgende Hinweise:

- Automatisch bei jedem Besucher der Website erhobene Daten
    - Speicherung in Protokolldatei von: Name der abgerufenen Datei/Seite, Datum/Uhrzeit des Abrufs, IP-Adresse, Typ des verwendeten Webbrowsers
    - Art und Zweck der Verwendung, z.B. IT-Sicherheit, Optimierung des Online-Auftritts
- Erstellung pseudonymer Nutzungsprofile zu Werbe-, Marktforschungs- und Website-Optimierungszwecken (vgl. § 15 Abs. 3 TMG) => Hinweis auf Widerspruchsrecht erforderlich
- Durch Nutzereingabe-/übermittlung erhobene Daten: Speicherung und Verwendung nur in dem Umfang, der dem Zweck der Eingabe/Übermittlung entspricht => jede darüber hinaus gehende Verwendung erfordert eine gesonderte Einwilligung
- Hinweis auf jederzeit möglichen Widerruf einer Einwilligung (§ 13 Abs. 3, 2 Nr. 4 TMG)
- Verwendung von Cookies (§ 13 Abs.2 S. 2 TMG)
- Verwendung von Google Analytics etc.
- Verwendung von Social PlugIns (dazu sogleich ausführlich)
- Berichtigung/Löschung von personenbezogenen Daten (§ 35 BDSG)
- Auskunftsrecht (§ 13 Abs. 7 TMG)
- Ggf. Kontakt zum Datenschutzbeauftragten

DATENSCHUTZRECHT

INHALT DES DATENSCHUTZHINWEISES Art und Umfang der durch die Einbindung des „Gefällt mir"-Buttons an Facebook übermittelten Daten sind weitgehend unklar. Facebook selbst erläutert nur fragmentarisch, welche Daten zu welchem Zweck erhoben, gespeichert und verwendet werden.

Besucht ein Facebook-Mitglied, das aktuell in dem Netzwerk eingeloggt ist, eine Website mit eingebundenem Like-Button, werden dessen Daten auch dann an Facebook übermittelt, wenn der Button gar nicht geklickt wird. Aufgrund der ebenfalls übermittelten „Mitgliedsnummer" kann Facebook den Besucher eindeutig identifizieren.
Selbst ein vorheriger Logout schützt nicht vollständig. Über den „Gefällt mir"-Button werden Daten eines jeden Besuchers der Website an Facebook übermittelt, selbst wenn dieser sich zuvor bei Facebook ausgeloggt hat oder es sich überhaupt nicht um ein Facebook-Mitglied handelt. Allerdings soll eine Identifizierung der Betreffenden in diesem Fall nicht möglich sein.

In dem Datenschutzhinweis muss der Anbieter der Website über die datenschutzrechtliche Relevanz des „Gefällt mir"-Buttons all das offenbaren, was hierzu bekannt ist.

DATENSCHUTZRECHT
MUSTER-DATENSCHUTZERKLÄRUNG BEI DIREKTER EINBINDUNG VON PLUGINS

Unsere Websites enthalten sog. Social PlugIns des sozialen Netzwerks Facebook, betrieben von der Facebook Inc., 1601 S. California Ave, Palo Alto, CA 94304, USA. Zu den Social PlugIns gehört u.a. der Facebook-„Gefällt mir"-Button. Die Social PlugIns sind an [Beschreibung der Logos] Logos erkennbar.

Wenn Sie eine Website unseres Internetauftritts aufrufen, die ein solches PlugIn enthält, baut Ihr Browser eine direkte Verbindung mit den Servern von Facebook auf und übermittelt Daten an Facebook. Das gilt unabhängig davon, ob Sie Mitglied bei Facebook sind, ob Sie während des Besuchs unserer Seite als Mitglied bei Facebook eingeloggt sind oder ob Sie das PlugIn betätigen (z.B. anklicken).

Sind Sie Facebook-Mitglied und während des Besuchs unserer Website bei Facebook eingeloggt, ordnet Facebook Ihren Besuch unserer Website Ihrem Facebook-Konto zu, auch wenn Sie das Social PlugIn nicht betätigen (z.B. anklicken). Wenn Sie das Social PlugIn betätigen (z.B. anklicken), wird diese Information an Facebook übermittelt und dort gespeichert.

Die Art und den Umfang der an Facebook übermittelten Daten können wir nicht beeinflussen. Auch wissen wir im Einzelnen nicht, welche Ihrer Daten an Facebook übermittelt werden und zu welchem Zweck Facebook diese Daten verwendet. Dabei handelt es sich um Ihre IP-Adresse sowie nach eigenen Angaben von Facebook u.a. um Informationen über die besuchte Webseite, das Datum und die Uhrzeit des Besuchs sowie andere browserbezogene Informationen. Bei einem Besuch der Webseite durch ein eingeloggtes Facebook-Mitglied wird auch dessen Anmeldekennnummer erhoben und verarbeitet, wodurch Facebook den

Besuch dem Facebook-Konto des Besuchers zuordnet. Weitere Informationen von Facebook finden Sie hier: http://www.facebook.com/help/?faq=186325668085084

Um zu verhindern, dass die bei dem Besuch unserer Website mit eingebundenem Social PlugIn an Facebook übermittelten Daten durch Facebook mit Ihrem Facebook-Konto verknüpft werden, müssen Sie sich vor einem (weiteren) Besuch unserer Website bei Facebook ausloggen.

Weitere Informationen zur Erhebung, Speicherung und Verwendung Ihrer personenbezogenen Daten durch Facebook sowie die Ihnen zur Verfügung stehenden Einstellungsmöglichkeiten zum Schutz Ihrer personenbezogenen Daten finden Sie in den Datenschutzhinweisen von Facebook unter http://www.facebook.com/about/privacy/.

DATENSCHUTZRECHT

RECHTSFOLGEN EINER FEHLENDEN ODER UNVOLLSTÄNDIGEN DATENSCHUTZERKLÄRUNG

- Die Erhebung und jede weitere Verarbeitung von Daten auf der bzw. über die Website ist rechtswidrig.

- Anders als bei einem fehlenden oder fehlerhaften Impressum sieht die Rechtsprechung in einem Verstoß gegen die Pflicht zur Bereithaltung einer ordnungsgemäßen Datenschutzerklärung ganz überwiegend keinen Wettbewerbsverstoß nach § 4 Nr. 11 UWG, da die Vorschriften zum Datenschutz, zu denen auch § 13 TMG gehört, im Kern nicht dem Schutz von Verbrauchern als Marktteilnehmer, sondern deren Persönlichkeitsschutz dienen (LG Berlin, Beschl. v. 14.03.2011, Az. 91 O 25/11, bestätigt durch Kammergericht Berlin mit Beschl. v. 29.04.2011, Az.: 5 W 88/11).

- Ein fehlender Datenschutzhinweis stellt allerdings gemäß § 16 Abs. 2 Nr. 2 TMG eine Ordnungswidrigkeit dar, weshalb jedenfalls ein Bußgeldrisiko besteht.

RECHTSWIDRIGKEIT DER DATENVERWERTUNG DURCH FACEBOOK

Allerdings löst eine ordnungsgemäße Datenschutzerklärung nicht das eigentliche Problem des Nutzerdatenschutzes gemäß §§ 11 ff. TMG und des BDSG. Eine Datenerhebung und -nutzung darf nur mit Einwilligung oder aufgrund einer gesetzlichen Befugnis erfolgen. Eine solche Einwilligung muss von Seiten des Nutzers bewusst und eindeutig erteilt werden und ist jederzeit widerrufbar. Sie ist nur dann wirksam, wenn sie auf einer freien und informierten Entscheidung beruht. Die Anforderungen an eine gesetzliche Befugnis zur Datenerhebung und -nutzung ohne Einwilligung des Betroffenen sind streng und in der Regel eng auszulegen. So dürfen zwar z.B. Nutzerdaten zu Zwecken der Werbung, Marktforschung und Optimierung des Online-Auftritts ausgewertet werden, dies jedoch nur in Form von pseudonymisierten Nutzerprofilen, vgl. § 15 Abs. 3 TMG.

Die Datenverwertung durch Facebook über den „Gefällt mir"-Button ist nach überwiegender Auffassung weder durch eine gesetzliche Befugnis noch eine (wirksame) Einwilligung der Betroffenen gerechtfertigt. Dies gilt ganz eindeutig für jene Fälle, in denen Daten an Facebook übermittelt (und dort verarbeitet) werden, obwohl der Betroffene noch nicht einmal auf den Button klickt. Aber auch das eigentliche „Liken" ist problematisch. Da die Nutzer im Vorfeld nicht darüber aufgeklärt werden, welche Daten durch den Klick an Facebook übermittelt werden und was dann mit diesen Daten geschieht, kann in dem Betätigen des Buttons keine wirksame Einwilligung gesehen werden. Außerdem ist zu befürchten, dass Art und Umfang der Datenübermittlung weit über das für die Funktion des „Gefällt mir"-Buttons erforderliche Maß hinausgehen.

DATENSCHUTZRECHT

HAFTUNG DES WEBSITEBETREIBERS

Wer den „Gefällt mir"-Button in seinen Web-Auftritt einbindet, kann die eigene datenschutzrechtliche Verantwortlichkeit nicht auf Facebook abwälzen und sich mit dem Argument exkulpieren, auf Art und Umfang der Datenübermittlung könne kein Einfluss genommen werden. Insbesondere die deutschen Datenschutzbehörden sehen die Website-Betreiber in der Verantwortung.

So hat der Datenschutzbeauftragte des Landes Schleswig-Holstein, Dr. Thilo Weichert, im August 2011 mit einem öffentlichkeitswirksamen Aufruf sämtliche in seinem Zuständigkeitsbereich ansässigen Website-Betreiber (und damit faktisch jedes Unternehmen mit dortigem Sitz) aufgefordert, den „Gefällt mir"-Button aus den eigenen Internetauftritten binnen einer Frist von ca. sechs Wochen zu entfernen (vgl. Pressemitteilung vom 19.08.2011).

Wie ein Jahr später verschiedenen Pressemeldungen zu entnehmen war, äußerte sich der Landesdatenschutzbeauftragte eher unzufrieden mit den Resultaten seines Vorgehens, da die wichtigsten angestrebten Ziele nicht erreicht worden seien. Nach seinen Angaben sind jedoch drei Gerichtsverfahren gegen Website-Betreiber anhängig. Dies immerhin zeigt, dass ein Haftungsrisiko besteht.

Noch nicht geklärt ist dagegen die Frage, ob die Einbindung des „Gefällt mir"-Buttons auch ein wettbewerbsrechtliches Haftungsrisiko des Websitebetreibers begründet. Grundsätzlich stellen Verstöße gegen das Datenschutzrecht keine Verletzungen von Vorschriften des UWG dar.

DATENSCHUTZRECHT

Eine Ausnahme kann dagegen gelten, wenn die fraglichen Datenschutznormen dem Schutz vor einer ungenehmigten Nutzung der Daten zu Werbezwecken dienen. In diesem Fall können Wettbewerber oder Verbraucherschutzverbände z.B. eine Unterlassung der rechtswidrigen Datennutzung zu Werbezwecken geltend machen, etwa in einem einstweiligen Verfügungsverfahren.

Quelle: https://www.datenschutzzentrum.de/presse/20110819-facebook.htm

Da zu unterstellen ist, dass die über den „Gefällt mir"-Button an Facebook übermittelten Daten dort (auch) für Werbezwecke verwertet werden, besteht jedenfalls ein wettbewerbsrechtliches Haftungsrisiko deutscher Website-Betreiber.

DATENSCHUTZRECHT

„2 KLICKS FÜR MEHR DATENSCHUTZ" - DIE LÖSUNG ALLER PROBLEME?

Anfang September 2011, also unmittelbar nach dem Vorstoß des Landesdatenschutzbeauftragten Schleswig-Holsteins, präsentierte der Heise Verlag in seinem Portal heise online (heise.de) die sogenannte „2-Klick-Lösung": Anstatt den „Gefällt mir"-Button oder andere Social PlugIns unmittelbar in eine Seite einzubinden, verwendet diese Lösung grafische Dummies in blassem Grau, die den Original-Logos gleichen bzw. nachempfunden sind. Fährt der Nutzer mit der Maus auf diese Grafik, erscheint folgender kurzer Hinweis:

Erst durch einen Klick auf den Dummy wird das PlugIn tatsächlich in die Seite eingebunden (erster Klick); die tatsächliche „Like"-Funktion wird dann durch einen weiteren Klick (zweiter Klick) ausgeführt.

Quelle: heise online unter www.heise.de

DATENSCHUTZRECHT

Vorteile der 2-Klick-Lösung:
- Daten von Nutzern, die die fragliche Website besuchen, aber nicht auf den Dummy klicken, werden nicht an Facebook übermittelt.

- Nutzer, die den „Gefällt mir"-Button oder andere PlugIns betätigen wollen, können vorab über die datenschutzrechtliche Relevanz aufgeklärt werden.

Quelle: heise online unter www.heise.de

Nachteile der 2-Klick-Lösung:
- Trotz vorheriger Aufklärung können Nutzer nicht umfassend über Art und Umfang der übermittelten Daten und deren Verwertung informiert werden, weil die Details nach wie vor unbekannt sind (s.o.). Die Einwilligung durch Klick auf den Dummy ist somit als Entscheidung möglicherweise unwirksam. Andererseits ist der Nutzer, der in dem Bewusstsein, Daten in unbekanntem Umfang preiszugeben, Social PlugIns betätigt, auch weniger schutzbedürftig.

- Die grafische Abwandlung der Original-Buttons widerspricht womöglich den Nutzungsbedingungen von Facebook & Co und kann zudem markenrechtlich problematisch sein.

DATENSCHUTZRECHT
MUSTER-DATENSCHUTZERKLÄRUNG

BEI INDIREKTER EINBINDUNG VON PLUGINS ÜBER 2-KLICK-LÖSUNG

Unsere Websites enthalten Grafiken von sog. Social PlugIns des sozialen Netzwerks Facebook, betrieben von der Facebook Inc., 1601 S. California Ave, Palo Alto, CA 94304, USA. Zu den Social PlugIns gehört u.a. der Facebook-„Gefällt mir"-Button. Die Grafiken der Social PlugIns sind an [Beschreibung der Logos] Logos erkennbar.

Die Social PlugIns sind nicht unmittelbar in unsere Websites eingebunden. Erst wenn Sie die Grafik eines Social PlugIns anklicken, erfolgt die tatsächliche Einbindung in unsere Website. Ihr Browser baut dann eine direkte Verbindung mit den Servern von Facebook auf und übermittelt Daten an Facebook. Das gilt unabhängig davon, ob Sie Mitglied bei Facebook sind, ob Sie zu diesem Zeitpunkt als Mitglied bei Facebook eingeloggt sind oder ob Sie das nunmehr eingebundene Social PlugIn betätigen (z.B. anklicken). Sind Sie Facebook-Mitglied und zu diesem Zeitpunkt bei Facebook eingeloggt, ordnet Facebook Ihren Besuch unserer Website Ihrem Facebook-Konto zu, auch wenn Sie das nunmehr eingebundene Social PlugIn nicht betätigen (z.B. anklicken). Wenn Sie das Social PlugIn betätigen (z.B. anklicken), wird diese Information an Facebook übermittelt und dort gespeichert.

Die Art und den Umfang der an Facebook übermittelten Daten können wir nicht beeinflussen. Auch wissen wir im Einzelnen nicht, welche Ihrer Daten an Facebook übermittelt werden und zu welchem Zweck Facebook diese Daten verwendet. Dabei handelt es sich um Ihre IP-Adresse sowie nach eigenen Angaben von

DATENSCHUTZRECHT

Facebook u.a. um Informationen über die besuchte Webseite, das Datum und die Uhrzeit des Besuchs sowie andere browserbezogene Informationen. Sind Sie als Facebook-Mitglied zum Zeitpunkt des Klicks auf die Grafik des Social PlugIn bei Facebook eingeloggt, wird auch Ihre Anmeldekennnummer erhoben und verarbeitet, wodurch Facebook den Besuch Ihrem Facebook-Konto zuordnet. Um dies zu verhindern, müssen Sie sich zuvor ausloggen. Weitere Informationen von Facebook finden Sie hier: http://www.facebook.com/help/?faq=186325668085084

Weitere Informationen zur Erhebung, Speicherung und Verwendung Ihrer personenbezogenen Daten durch Facebook sowie die Ihnen zur Verfügung stehenden Einstellungsmöglichkeiten zum Schutz Ihrer personenbezogenen Daten finden Sie in den Datenschutzhinweisen von Facebook unter http://www.facebook.com/about/privacy/.

DATENSCHUTZRECHT
GOOGLE ANALYTICS AUF FACEBOOK

Aus datenschutzrechtlicher Sicht ist Google Analytics problematisch und hoch umstritten. Deutsche Datenschutzbehörden stritten lange mit Google, wie der Analysedienst verändert werden müsste, damit er von Website-Betreibern datenschutzkonform eingesetzt werden kann. Am 15. September 2011 erzielten die Parteien eine Einigung, wonach folgende Anforderungen erfüllt sein müssen:

- Das Vertragsverhältnis zwischen dem Betreiber der zu analysierenden Website und Google stellt eine Auftragsdatenverarbeitung nach § 11 BDSG dar, die insbesondere ein Schriftformerfordernis verlangt. Das schriftliche Vertragsformular findet sich auf der Google Analytics Website.

- Im Rahmen der Analyse dürfen IP-Adressen der Besucher der auszuwertenden Seite nur anonymisiert erhoben werden. Hierfür muss der Website-Betreiber einen entsprechenden Hinweis in den Google Analytics Code einfügen.

- Dem Widerspruchsrecht des Nutzers gem. § 15 Abs. 3 S. 2 TMG kann durch die Möglichkeit des Downloads eines Browser-Add-On zur Deaktivierung von Google Analytics Rechnung getragen werden. Hierzu ist ein Hinweis in der Datenschutzerklärung erforderlich.

- Das Thema Google Analytics muss ausführlich in der Datenschutzerklärung der zu analysierenden Website erläutert werden. Google stellt auf der Google Analytics Website ein entsprechendes Muster zur Verfügung, das verwendet werden sollte.

DATENSCHUTZRECHT

- Über Google Analytics vor dem 15. September 2011 generierte Nutzerprofile sind zu löschen.

Während die vorstehenden Anforderungen ganz allgemein bei jeder Website zu beachten sind, haben bei einer Anwendung von Google Analytics auf eine Facebook-Seite noch folgende Punkte Relevanz:

- Von Ausnahmen abgesehen, finden sich auf den Facebook-Seiten deutscher Unternehmen keine Datenschutzerklärungen. Das mag in der Regel damit zu rechtfertigen sein, dass kaum ein Unternehmen über die Facebook-Seite selbst Nutzerdaten erhebt (z.B. weil Postings von Fans nicht außerhalb von Facebook gespeichert werden). Bei der Anwendung von Google Analytics auf eine Facebook-Seite verhält es sich jedoch ganz anders, so dass in diesem Fall eine Datenschutzerklärung auf der Facebook-Seite selbst abrufbar sein müsste, wobei die Mustererklärung zu Google Analytics (s.o.) mit aufgeführt sein sollte.

- Unklar ist schließlich, ob die Anwendung von Google Analytics auf eine Facebook-Seite möglicherweise gegen die Facebook-Nutzungsbedingungen verstößt.

URHEBERRECHT

Für das Social Media Marketing ist Content essentiell. Ohne attraktive Inhalte lässt sich das vorrangige Ziel, möglichst viele Nutzer für den Unternehmensauftritt zu interessieren und Fans zu generieren, nur schwerlich erreichen.

Ansprechender Content unterliegt meist dem Schutz durch das Urheberrecht. Dies gilt allerdings nicht nur für die „schönen Künste". Auch durchaus Banales, z.B. einfachste Schnappschüsse oder kurze Amateurvideos ohne jedweden künstlerischen Anspruch, sind geschützt oder können geschützt sein. Im Einzelnen:

Fotos **Filme (Spiel- und Fernsehfilme, Privatvideos)** **TV-Sendungen**

Sprachwerke wie Postings, Blogbeiträge, Kommentare und sonstige Texte

Musik **Computerspiele** **Grafiken, Animationen** **Land-/Stadtkarten.**

Für das Social Media Marketing kommt dem Urheberrecht daher erhebliche Bedeutung zu.

URHEBERRECHT
URHEBERRECHTLICH RELEVANTE HANDLUNGEN

Die Einbindung von urheberrechtlich geschütztem Content in den eigenen Unternehmensauftritt (eigene Homepage, Unternehmensseite bei Facebook) ist fast ausnahmslos urheberrechtlich relevant. So ist das Einstellen bzw. Hochladen von geschützten Inhalten sowohl eine Vervielfältigung (§ 16 UrhG) als auch eine öffentliche Zugänglichmachung (§ 19a UrhG).

Auch in Sozialen Netzwerken sind Links an der Tagesordnung. Sie bilden dort die erforderliche Infrastruktur. Rechtlich ist zwischen dem einfachen Hyperlink und anderen Formen der Verlinkung zu unterscheiden:

- Beim einfachen Hyperlink verlässt der Nutzer durch den Klick auf den Link die verlinkende Seite und gelangt wahrnehmbar auf eine andere, die verlinkte Website. Einfache Hyperlinks stellen lediglich einen Verweis auf die verlinkte Seite dar. Dort veröffentlichte Inhalte werden durch den Inhaber der verlinkten Seite allgemein zugänglich gemacht. Eine eigenständige urheberrechtliche Nutzungshandlung begründet der einfache Hyperlink nicht. Urheberrechte werden also nicht verletzt.

- Beim sog. Embedded Linking wird der verlinkte Inhalt fremder Seiten in die eigene verlinkende Seite integriert. Für den Nutzer erscheint der Content daraufhin wie ein Datenbestand der eigenen Seite, obwohl die Inhalte technisch auf dem Server der fremden verlinkten Seite verbleiben. Einige Gerichte sehen darin eine dem Rechteinhaber vorbehaltene öffentliche Zugänglichmachung, die nur mit dessen Zustimmung erfolgen dürfe (vgl. z.B. Oberlandesgericht Düsseldorf, Urt. v. 08.11.2011, Az. I-20 U 42/11).

URHEBERRECHT

Embedded Linking in Facebook-Profil

URHEBERRECHT
ONLINE-STREAMING

Beim Online-Streaming werden Inhalte (z.B. Videos) nicht zum Download bereitgehalten, sondern lediglich „flüchtig" abgespielt, ohne dass eine dauerhafte digitale Vervielfältigung beim Nutzer verbleibt.

Auch wenn das Streaming dem „rezeptiven Werkgenuss" beim Fernsehschauen entspricht (letzteres ist urheberrechtlich neutral), birgt die Bereitstellung von Online-Streams etwa im unternehmenseigenen YouTube-Channel nicht nur für das Unternehmen selbst urheberrechtliche Risiken, sondern auch für die Nutzer.

Denn im Unterschied zum herkömmlichen TV-Konsum erfolgen bei jeder Form von Streamings mehr oder weniger flüchtige Kopien des Werks oder Teilen davon im Zielrechner. Solche vorübergehenden Vervielfältigungen dürfen wiederum grundsätzlich nur mit Zustimmung des Rechteinhabers angefertigt werden. Inwieweit hier eine gesetzliche Rechtfertigung (§ 44a UrhG) greifen kann, ist höchst umstritten.

So wird von namhaften Stimmen die strikte Auffassung vertreten, dass jeder Aufruf eines Videos, das ohne Zustimmung des Rechteinhabers bei YouTube eingestellt wurde, eine Urheberrechtsverletzung durch den aufrufenden Nutzer darstellt.

URHEBERRECHT
AUSNAHMEN VON DER URHEBERRECHTLICHEN ZUSTIMMUNGSPFLICHT

Die Verwendung von geschützten Werken in Sozialen Medien bedarf grundsätzlich der Zustimmung des Urhebers bzw. Rechteinhabers. Zwar sieht das Urheberrechtsgesetz einige Ausnahmen vor, doch sind diese an sehr strenge Voraussetzungen geknüpft, deren Vorliegen in jedem Einzelfall geprüft werden muss. Daher ist stets Vorsicht und Zurückhaltung geboten.

Beispiele

Freie Benutzung, § 24 UrhG
Das fremde Werk darf nur als Anregung für ein eigenes Werk dienen und muss darin quasi „verschwinden".

Nachrichten, § 49 Abs. 2 UrhG
Soweit es sich um Tagesneuigkeiten handelt, die durch Presse oder Rundfunk veröffentlicht wurden, können sie verwendet werden.

Zitatrecht, § 51 UrhG
Wird oft bemüht, ist aber an sehr strenge Anforderungen geknüpft. Wichtig ist insbesondere, dass eine inhaltliche Auseinandersetzung mit dem zitierten Werk erfolgt.

Unwesentliches Beiwerk, § 57 UrhG

Werke an öffentlichen Plätzen, § 59 UrhG
Gebäude, Skulpturen etc., die sich an öffentlichen Straßen befinden, dürfen z.B. fotografiert und die Fotos veröffentlicht werden.

URHEBERRECHT
RECHT AM EIGENEN BILD

Nicht minder relevant als das Urheberrecht ist das Recht am eigenen Bild, das immer dann zu beachten ist, wenn Personen erkennbar auf einem Foto oder in einem Video abgebildet sind.

Jedem Menschen steht grundsätzlich das Recht zu, selbst darüber zu entscheiden, ob bildliche Aufnahmen von ihm veröffentlicht werden (vgl. § 22 Kunsturhebergesetz/KUG). Der Abgebildete muss daher vor der Veröffentlichung seines Bildes in den meisten Fällen zustimmen. Diese Einwilligung muss zwar nicht schriftlich erfolgen, dies erleichtert aber im Streitfall den Nachweis. Bei Minderjährigen müssen auf jeden Fall zusätzlich die Eltern in die Veröffentlichung einwilligen.

Eine einmal erteilte Einwilligung deckt aber nicht jede Form der Veröffentlichung ab. Der Betreffende muss wissen, in welchem Zusammenhang sein Bild verwendet werden soll. So umfasst beispielsweise die Einwilligung eines Mitarbeiters, die im Zusammenhang mit der Veröffentlichung seines Fotos auf der Unternehmens-Homepage erteilt wurde, nicht zwangsläufig die Befugnis, das Foto auch auf der Facebook-Seite des Unternehmens zu veröffentlichen.

Im Gegenteil: Gerade weil massive Vorbehalte u.a. gegen die datenschutzrechtlichen Standards bei Facebook weit verbreitet sind, kann nicht einfach unterstellt werden, der Mitarbeiter sei auch mit einer dortigen Veröffentlichung einverstanden. Es ist daher dringend zu empfehlen, in solche Einwilligungserklärungen ausdrücklich auch eine Veröffentlichung in Social Media einzubeziehen.

URHEBERRECHT

Das Gesetz kennt nur wenige Ausnahmen von dem Grundsatz der Einwilligungspflicht. Für die Nutzung von Social Media zu Werbe- oder Marketingzwecken spielen diese Ausnahmen jedoch kaum eine Rolle:

Bildnisse aus dem Bereich der Zeitgeschichte, § 23 Abs. 1 Nr. 1 KUG: Diese Vorschrift ermöglicht es den Medien, Politiker, Sportler, Künstler, Prominenten etc. ohne deren Einwilligung im Bild zu zeigen. Das Recht besteht allerdings nicht unbegrenzt, weshalb sich Verlage und Sender einerseits und Betroffene andererseits ständig um die Zulässigkeit von Bildberichterstattungen gerichtlich streiten. Die ungenehmigte Bildverwendung zu Werbe- oder Marketingzwecken (also auch zu Zwecken des Social Media Marketing) ist demgegenüber fast niemals möglich.

Versammlungen, Kundgebungen, Demonstration etc., § 23 Abs. 1 Nr. 3 KUG: Bei derartigen großen Menschenansammlungen muss nicht jede Person eine Einwilligung erteilen, da nur die Abbildung des Geschehens von Belang ist und nicht die einzelne Person. Die Auffassung, ab einer bestimmten Anzahl von abgebildeten Personen (mal fünf, mal sieben, mal elf etc.) sei deren Einwilligung nicht erforderlich, ist unzutreffend. Es handelt sich dabei um Gerüchte, unausrottbar zwar, aber nicht gerichtsfest.

Personen als Beiwerk, § 23 Abs. 1 Nr. 2 KUG: Steht ein anderes Motiv im Vordergrund und kommt der abgelichteten Person lediglich eine ganz untergeordnete Rolle auf dem Bild zu, bedarf es keiner Einwilligung. Allerdings ist auch hier der Anwendungsbereich sehr begrenzt.

URHEBERRECHT
RECHTEKLÄRUNG

Die Verwertung geschützter Inhalte in Social-Media-Auftritten ohne die erforderliche Lizenz oder Genehmigung begründet ein erhebliches Haftungsrisiko. Daher müssen die Rechte an dem Content im Vorfeld geklärt werden.

Häufig soll sogenannter Bestandscontent, etwa die Inhalte der Homepage, eine aktuelle Werbekampagne oder Archivmaterial, auch auf der Facebook-Seite oder im eigenen YouTube-Channel veröffentlicht werden. Hier stellt sich das Problem, dass die bestehenden Lizenz- oder Werbeverträge eine Verwertung in Social Media möglicherweise nicht erlauben.

Um Rechtssicherheit zu erlangen, sollten deshalb in Neuverträgen Klauseln aufgenommen werden, die eine Verwertung in Social Media ausdrücklich vorsehen.

Die Verwertbarkeit von User Generated Content, etwa bei einem Fotowettbewerb auf Facebook gepostete Fotos, ist gleichfalls ein relevantes Thema bei der Gestaltung von Teilnahme- und Nutzungsbedingungen.

URHEBERRECHT

ÜBERPRÜFUNG VON BESTANDSVERTRÄGEN

Inwieweit Bestandscontent in Social-Media-Auftritten verwertet werden kann, entscheidet sich anhand der Verträge mit den Rechteinhabern. Der Vertrag mit dem Fotografen, der die Mitarbeiter für die Unternehmens-Homepage abgelichtet hat, gehört dabei ebenso auf den Prüfstand, wie der Vertrag mit der Werbeagentur über die letzte oder aktuelle Kampagne.

Erst in letzter Zeit findet sich – wenn überhaupt – in Lizenzverträgen die explizite Erwähnung von Rechten zur Verwertung in Social Media. Fehlt eine solche Klausel, was bei älteren Verträgen in der Natur der Sache liegt, und wurde nur ein allgemeines Recht zur Online-Verwertung eingeräumt, so ist eine Nutzung bei Facebook & Co. nicht ohne Risiko. Soweit Persönlichkeitsrechte berührt sind (etwa das Recht am eigenen Bild von Mitarbeitern), darf wegen der weit verbreiteten Vorbehalte gegen soziale Netzwerke eine Bereitschaft zur Veröffentlichung nicht einfach unterstellt werden (s.o.).

Aber auch im Bereich des Urheberrechts lässt sich zumindest die These vertreten, dass das Social Media Marketing für Unternehmen mittlerweile eine derart erhebliche, auch wirtschaftliche Relevanz erlangt hat, dass in der Verwertung von Content auf Facebook oder bei YouTube eine eigenständige Nutzungsart zu sehen ist, die nicht vom allgemeinen Recht zur Online-Nutzung umfasst ist. Soweit ersichtlich, haben sich die Gerichte mit dieser Frage allerdings noch nicht beschäftigt, weshalb die Rechtslage unklar ist und einstweilen auch bleiben dürfte. Wird Rechtssicherheit gewünscht, muss bei dem (ursprünglichen) Rechteinhaber explizit nachgefragt werden, was – als Kehrseite der Medaille – ggf. die Nachforderung von Lizenzgebühren zur Folge haben kann.

URHEBERRECHT

 Checkliste Bestandsverträge

Enthält der Vertrag explizit ein Recht zur Nutzung in Social Media, ist eine entsprechende Verwertung zulässig.

Bei Einräumung eines allgemeinen Rechts zur Online-Nutzung lässt sich im Bereich des Urheberrechts mit guten Argumenten vertreten, dass damit auch die Verwertung in Social Media abgedeckt ist. Geht es dagegen um Persönlichkeitsrechte, ist eine deutlich größere Zurückhaltung geboten.

Schließlich kann sich ein Recht zur Verwertung in Social Media auch ungeschrieben aus dem Vertragszweck ergeben, wenn z.B. bei Vertragsschluss über eine solche Verwertung gesprochen wurde. Hier können allerdings Nachweisprobleme entstehen.

URHEBERRECHT
ABSCHLUSS VON NEUVERTRÄGEN

Beim Abschluss neuer Verträge sollte deshalb vor dem erörterten Hintergrund und der ungeklärten Rechtslage ein Recht zur Verwertung in Social Media ausdrücklich mit aufgenommen werden.

Eine solche Regelung könnte wie folgt lauten:

> **§ Rechteklausel (Beispiel Fotografenvertrag)**
>
> „Der Fotograf räumt (Unternehmen) das ausschließliche, zeitlich, örtlich und inhaltlich unbeschränkte Recht ein, die Lichtbilder körperlich und unkörperlich zu nutzen. Hierbei gehen die Parteien davon aus, dass (Unternehmen) eine möglichst umfassende Verwertung der Lichtbilder beabsichtigt.
>
> Die Nutzungsrechtseinräumung umfasst das Vervielfältigungsrecht (…), das Recht der öffentlichen Zugänglichmachung, das Senderecht (…). Insbesondere, jedoch nicht abschließend umfasst die Nutzungsrechtseinräumung damit das Recht zur Nutzung in elektronischen Medien aller Art im Internet, in linearen und nicht-linearen (Download/On Demand) Diensten, wie z.B. Websites, elektronischen Bannern, Skyscrapern, Popups, ferner zu Zwecken des viralen Marketings und zur Verwendung in sozialen Netzwerken und anderen sozialen Medien (insbesondere, aber nicht ausschließlich Facebook, Youtube, Twitter, Google+) sowie in Diensten für mobile Endgeräte (wie z.B. SMS, MMS) und in sog. Apps (…)"

Eine ähnliche Problematik kann bei der Verwertung in Apps für Smartphones entstehen, weshalb sich auch insoweit eine ausdrückliche Erwähnung empfiehlt.

URHEBERRECHT
RECHTEKLÄRUNG

Nicht immer hat jedoch der Lizenznehmer die Verhandlungsmacht, seine Rechteklausel durchzusetzen. Nicht selten sind die Lizenzbedingungen (etwa bei Online-Bilddatenbanken) einseitig vorgegeben und nicht verhandelbar. Das kann zu der weiteren Problematik führen, dass – wie häufig – an den erworbenen Lizenzen keine Unterlizenzen zu Gunsten Dritter eingeräumt werden dürfen, während etwa Facebook und YouTube automatisch Nutzungsrechte an den eingestellten Inhalten beanspruchen, die nach den Nutzungsbedingungen dieser Provider zudem noch unterlizenzierbar sein müssen.

Facebook Nutzungsbedingungen 2.1:
„Für Inhalte wie Fotos und Videos, die unter die Rechte an geistigem Eigentum fallen („IP-Inhalte"), erteilst du uns, sofern du in deinen Privatsphäre- und Anwendungseinstellungen nichts anderes einstellst, die folgende Erlaubnis: Du gibst uns eine nicht-exklusive, übertragbare, unterlizenzierbare, gebührenfreie, weltweite Lizenz für die Nutzung jeglicher IP-Inhalte, die du auf oder im Zusammenhang mit Facebook postest („IP-Lizenz"). Diese IP-Lizenz endet, wenn du deine IP-Inhalte oder dein Konto löschst, außer deine Inhalte wurden mit anderen Nutzern geteilt und diese haben die Inhalte nicht gelöscht."

Sonderregelung für Deutschland: „Ziffer 2 gilt mit der Maßgabe, dass unsere Nutzung dieser Inhalte auf die Verwendung auf oder in Verbindung mit Facebook beschränkt ist."

URHEBERRECHT
ÜBERPRÜFUNG VON BESTANDSVERTRÄGEN

YouTube Nutzungsbedingungen 10.1
„Indem Sie Nutzerübermittlungen bei YouTube hochladen oder posten, räumen Sie YouTube eine weltweite, nicht-exklusive und gebührenfreie Lizenz ein (mit dem Recht der Unterlizenzierung) bezüglich der Nutzung, der Reproduktion, dem Vertrieb, der Herstellung derivativer Werke, der Ausstellung und der Aufführung der Nutzerübermittlung im Zusammenhang mit dem Zur-Verfügung-Stellen der Dienste und anderweitig im Zusammenhang mit dem Zur-Verfügung-Stellen der Webseite und YouTubes Geschäften, einschließlich, aber ohne Beschränkung auf Werbung für und den Weitervertrieb der ganzen oder von Teilen der Webseite (und auf ihr basierender derivativer Werke) in gleich welchem Medienformat und gleich über welche Verbreitungswege."

Rein rechtlich ist die Forderung von Facebook und YouTube nach einer Zwangslizenz unwirksam, zumal sie jeweils in den Nutzungsbedingungen (= AGB) versteckt ist.

Außerdem kann der User den Providern keine Rechte einräumen, deren Inhaber er selbst nicht ist.

Die Klauseln demonstrieren allerdings ein Selbstverständnis von Facebook und YouTube (= Google), das eine generelle Verwertung von User-Content durchaus befürchten lässt, während eine Durchsetzung von Abwehransprüchen de facto schwierig bis unmöglich sein dürfte.

URHEBERRECHT
NUTZUNGS- UND TEILNAHMEBEDINGUNGEN

Social Media und das Web 2.0 leben von User Generated Content. Eine beliebte Spielart, Nutzer für die Facebook-Seite des Unternehmens (und damit für das Unternehmen selbst bzw. dessen Produkte oder Dienstleistungen) zu interessieren, und gleichzeitig verwertbaren Content zu generieren, sind Gewinnspiele und Contests, etwa Fotowettbewerbe und Votings.

Da nach § 4 Nr. 5 UWG immer die Teilnahmebedingungen zu veröffentlichen sind, können dort auch Rechteklauseln integriert werden, durch die sich das Unternehmen Rechte an dem eingebrachten User-Content sichert. Dabei ist folgendes zu beachten:

Bei Personenfotos (Gleiches gilt für Videos) müssen die Rechte sowohl vom Fotografen (Urheberrechte) als auch der abgebildeten Personen (Persönlichkeitsrechte) eingeholt werden. In der Regel nimmt nur einer der Rechteinhaber an dem Gewinnspiel oder Fotowettbewerb teil, weshalb ungewiss bleibt, ob auch die Einwilligung des anderen vorliegt.

Zwar kann in die Nutzungs- bzw. Teilnahmebedingungen eine Zusicherung des Teilnehmers aufgenommen werden, wonach Rechte Dritter der Teilnahme nicht entgegenstehen. Auch kann eine Pflicht zur Haftungsfreistellung formuliert werden. Allerdings ist beides praktisch wertlos, denn im Zweifel soll nicht gegen die eigenen Fans rechtlich vorgegangen werden. Derartige Klauseln erfüllen jedoch eine gewisse Warnfunktion.

Nutzungs- und Teilnahmebedingungen unterliegen der gesetzlichen AGB-Kontrolle. Sie müssen verständlich und transparent sein und dürfen weder überraschende noch unangemessen nachteilige Klauseln enthalten.

Damit sind der Möglichkeit, über Teilnahme- und Nutzungsbedingungen Rechte an User Generated Content zu erhalten, Grenzen gesetzt. Die kommerzielle Verwertbarkeit außerhalb des Social-Media-Auftritts, etwa im Rahmen einer Werbekampagne, lässt sich daher über AGB nicht erreichen.

Soll etwa das Siegerfoto eines Fotowettbewerbs für die kommende Werbekampagne verwendet werden, sollte darüber zwingend ein gesonderter Vertrag sowohl mit der abgebildeten Person als auch mit dem Fotografen geschlossen werden.

Pauschale (Buyout-)Klauseln sind nach deutschem Recht unwirksam, daher müssen die einzuräumenden Rechte detailliert aufgeführt werden. Hierbei muss allerdings wieder auf Übersichtlichkeit und Verständlichkeit geachtet werden.

URHEBERRECHT

 Beispiel: Teilnahmebedingungen Fotowettbewerb

- Allgemeine Beschreibung des Wettbewerbs
- Details zur Anmeldung
- Mindestalter, ggf. Einwilligung der Eltern
- Vorgaben zu Motiv, Format und Größe der Fotos
- Bewerbungsfrist
- Details zur Bewertung der Fotos, z.B. durch User und/oder eine Jury
- Art der Benachrichtigung des Siegers
- Wo und wie wird Sieger veröffentlicht? Website, Facebook, Newsletter etc.
- Weitere (mögliche) Verwertungen des Siegerfotos (bei werblicher Nutzung über Fotowettbewerb hinaus im Zweifel gesonderten Vertrag abschließen)
- Rechteklausel bzgl. Verwertung des Bildnisrechts
- Hinweis auf Urheberrecht des Fotografen und darauf, dass dessen Zustimmung vorliegen muss
- Ggf. Hinweis, dass Social Media Provider einfache Unterlizenz erhält
- Regelungen zum Schutz von Persönlichkeitsrechten: Nur Bildnis des Teilnehmers oder auch Bildnisse Dritter?
- Verbotene Fotos/Motive: Nacktfotos, Gewaltdarstellung etc.
- Ggf. gesonderte Datenschutzerklärung
- Funktion zur Meldung von Rechtsverstößen (notice and take down)
- Vorbehalt des Ausschlusses des Teilnehmers bei Verstoß gegen Teilnahmebedingungen

MARKENRECHT

EIGENE INHALTE

Bei eigenen Inhalten ist darauf zu achten, dass keine Marken Dritter unbefugt verwendet werden. Eine Verwendung in werblichen Vergleichen ist bei vorhandener Objektivität allerdings ebenso zulässig wie eine Verwendung zur Beschreibung von Markenware nach § 23 MarkenG.

Die Verwendung bekannter Marken wie z.B. „adidas" kann eine Rufausbeutung nach § 14 Abs. 2 Nr. 3 MarkenG darstellen, wenn sie zur Ausnutzung der Wertschätzung bzw. zu einem Imagetransfer verwendet wird. Eine Verwendung in unlauterer Weise liegt dann vor, wenn es keinen vernünftigen Grund dafür gibt, warum in einer Werbung z.B. auf die Marke „adidas" Bezug genommen wird und erkennbar ist, dass dies nur zur Aufwertung und zum besseren Vertrieb des eigenen Produktes geschieht.

„GEFÄLLT MIR" BUTTON

Bei Verwendung von Abwandlungen des „Like"-Button-Symbols ist darauf zu achten, dass dieses Symbol ebenfalls markenrechtlich zugunsten von Facebook geschützt ist und nur für den echten „Like"-Button verwendet werden darf. Wird eine abgewandelte Version verwendet, muss auch das Symbol soweit abgewandelt werden, dass keine Verwechslungsgefahr mehr besteht.

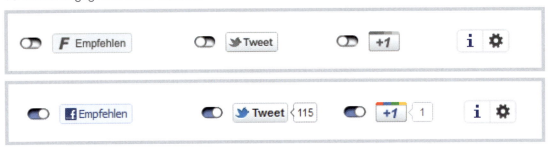

2-Klick-Lösung von heise online (heise.de): Social PlugIns vor und nach ihrer Aktivierung

„FACEBOOK-MARKENSHOP"

Wird ein „Facebook Markenshop" im Web außerhalb von Facebook für Facebook-Nutzer eingerichtet, ist die Verwendung der Kennzeichnung Facebook ebenfalls markenrechtswidrig.

WETTBEWERBSRECHT

Das Gesetz gegen den unlauteren Wettbewerb (UWG) weist u.a. folgende, für das Social Media Marketing relevante Verbote auf:

§ 4 Nr. 3 UWG	Getarnte Werbung
§ 4 Nr. 5 UWG	Unklare/unvollständige Angabe von Teilnahmebedingungen bei Gewinnspielen
§ 4 Nr. 7/8 UWG	Verunglimpfung/Anschwärzung von Wettbewerbern
§ 4 Nr. 9 UWG	Nachahmung fremder Leistungen
§ 4 Nr. 11 UWG	Verstöße gegen Nicht-UWG-Vorschriften
§ 5 UWG	Irreführung, insbesondere irreführende Werbung
§ 6 UWG	Unzulässige vergleichende Werbung
§ 7 UWG	Unzumutbare Belästigung, insb. E-Mail-Marketing

WETTBEWERBSRECHT
GETARNTE WERBUNG

„Unlauter handelt, wer den Werbecharakter von geschäftlichen Handlungen verschleiert"

So lautet die Regelung in § 4 Nr. 3 UWG, die jegliche Form von getarnter Werbung verbietet.

Der Werbecharakter wird in seiner Definition dabei weiter gefasst als der Begriff des geschäftlichen Charakters, sodass nicht nur die klassische sondern jede Form von Werbung erfasst wird. Eine Verschleierung liegt immer dann vor, wenn das Erscheinungsbild der werbenden Handlung seinen geschäftlichen Charakter nicht klar und eindeutig den sogenannten Verkehrskreisen in der Wirtschaft zu erkennen gibt. Besteht bei einer solchen heimlichen Handlung jedoch kein offener Kontakt zum Wirtschaftsverkehr, handelt es sich allerdings nicht um eine Verschleierung.

Der Grund für das Verbot ist die Gefahr einer Irreführung. Eine solche Verschleierung kann dazu führen, dass die angesprochenen Verkehrskreise sich mit getarnten Handlungen unkritischer und aufmerksamer befassen, als dies bei offensichtlicher Werbung geschähe (BGH, Urt. v. 20.02.1997, Az. I ZR 12/95 – Emil-Grünbär-Club).

Je deutlicher der Werbecharakter des verwendeten Mediums hervortritt, z.B. bei Anzeigenblättern und Kundenzeitschriften, desto geringer sind die Anforderungen an die Transparenz, weil der Verkehr in solchen Publikationen Werbung eher vermutet und sich daher mit dem Inhalt kritischer auseinandersetzt (BGH, Urt. v. 14.03.1996, Az. I ZR 53/94 – Editorial II).

WETTBEWERBSRECHT
SONDERTATBESTÄNDE SCHLEICHWERBUNG

Im Hinblick auf die getarnte Werbung finden sich einige Sondervorschriften, die auch im Social-Media-Bereich zu beachten sind.

UWG

In § 3 Abs. 3 UWG i.V.m Ziff. 11 und 22 Anhang UWG werden Sondertatbestände aufgeführt, nach denen bestimmte Formen von Werbung stets verboten sind. Dies betrifft zum einen gemäß Ziff. 11 die redaktionelle Werbung gegen Entgelt, denn in einem solchen Fall kann der Rezipient nicht ohne weiteres erkennen, ob es sich um einen redaktionellen Bericht oder um eine Anzeige handelt.

Zum anderen ist es gemäß Ziff. 23 unzulässig, den Eindruck zu erwecken, der Unternehmer sei Verbraucher und handele somit nicht zu Werbezwecken.

LPG

Aus den Landespressegesetzen (LPG) ergibt sich, dass in Druckerzeugnissen Werbung mit dem Begriff „Anzeige" kenntlich gemacht werden muss, sofern sich der Charakter als Anzeige nicht schon aus der Aufmachung und Gestaltung selbst ergibt. Dies ist auch im Internet bei Anzeigen im eigenen Auftritt zu empfehlen, da sich der Betrachter an diese Form der Kenntlichmachung gewöhnt hat.

WETTBEWERBSRECHT

RUNDFUNKSTAATSVERTRAG

Der Trennungsgrundsatz, also die klare Unterscheidbarkeit von Werbung und redaktionellem Inhalt sowie das Schleichwerbeverbot, gelten gemäß §§ 7 Abs. 3 und 7, 58 RStV auch im Bereich der Sozialen Medien.

TELEMEDIENGESETZ

Die §§ 2 und 6 TMG stellen Sondertatbestände für Telemedien dar.
Gemäß § 2 Nr. 5 TMG ist kommerzielle Kommunikation jede Form der Kommunikation, die der unmittelbaren oder mittelbaren Förderung des Absatzes von Waren, Dienstleistungen oder des Erscheinungsbilds eines Unternehmens, einer sonstigen Organisation oder einer natürlichen Person dient, die eine Tätigkeit im Handel, Gewerbe oder Handwerk oder einen freien Beruf ausübt.

Im Bereich des Internets muss jede kommerzielle Kommunikation gemäß § 6 Abs. 1 Nr. 1 TMG immer klar als solche zu erkennen sein, sodass sie vom übrigen Content eindeutig abgegrenzt ist. Am besten wird sie durch den Begriff „Anzeige" oder „Werbung" markiert.

Der Verstoß gegen eine der Sondervorschriften stellt regelmäßig einen Wettbewerbsverstoß im Sinne der §§ 4 Nr. 3 sowie 4 Nr. 11 UWG dar und kann dazu führen, dass der Werbende abgemahnt wird.

GETARNTE WERBUNG IN SOCIAL MEDIA

Der Social-Media-Bereich und besonders die Erstellung einer Unternehmensseite bei Facebook birgt erhebliche Risiken, soweit es um verbotene Schleichwerbung geht. Gefahren bergen Anzeigen in Suchmaschinenergebnissen, Beiträge in Blogs oder die Veröffentlichung von Video-Spots, verdeckt agierende Werbe-Scouts und Hyperlinks mit Werbung. Immer muss darauf geachtet werden, dass nicht gegen das Wettbewerbsrecht verstoßen wird.

Nachfolgend einige Beispiele verschleierter Werbung:

Veröffentlichung von Spots, virales Marketing

Ein bekanntes Beispiel für getarnte Werbung sind einige „Horst Schlämmer"-Videos, die zunächst den Anschein erweckten, es handele sich um Sketche. Erst später erfolgte am Ende der Clips die Aufklärung mit dem Hinweis, dass es sich hier um VW-Werbespots handelt. Auch die legendären Lattentreffer von Ronaldinho stellen sich erst zum Schluss als zusammengeschnittener Nike-Werbespot dar.

Durch derartiges virales Marketing wird der Werbecharakter der Spots entgegen § 4 Nr. 3 UWG verschleiert. Auch liegt ein Verstoß gegen § 6 Abs. 1 Nr. 1 TMG und damit auch gegen § 4 Nr. 11 UWG vor, da die kommerzielle Kommunikation nicht kenntlich gemacht wird.

WETTBEWERBSRECHT

Verwendung von Hyperlinks

Redaktionell eingebundene Hyperlinks, die auf Werbeseiten oder Seiten mit redaktioneller Werbung (Editorials) verlinken, müssen selbst mit „Anzeige" oder ähnlichem gekennzeichnet werden, ansonsten liegt ein Verstoß gegen § 4 Nr. 3 UWG vor. Hyperlinks, die redaktionell-publizistisch veranlasst sind, weil sie sich z.B. inhaltlich mit der Werbung, auf die sie verlinken, befassen, sind dagegen erlaubt (BGH, Urt. v. 14.10.2010, Az. I ZR 191/08 – AnyDVD).

Kommerzielle Pinnwandeinträge

Bei einer Unternehmens-Seite auf Facebook wird der Werbecharakter grundsätzlich unterstellt. Aufgrund der erkennbaren Unterscheidung zu einem privaten Profil erwartet man auf solchen Seiten Werbung.

Wenn allerdings Mitarbeiter oder Beauftragte des Unternehmens Pinnwandeinträge posten und der Leser sich dadurch die Frage stellen muss, ob es sich nun um redaktionelle Inhalte oder um Werbung handelt, wird die strikte Trennung bereits aufgehoben.

Eine Verschleierung nach § 4 Nr. 3 UWG liegt also auch dann vor, wenn nicht klar und deutlich zu erkennen ist, ob Werbung überhaupt im Spiel ist oder nicht. Zusätzlich ist ein Verstoß nach § 6 TMG, § 4 Nr. 11 UWG gegeben.

Bezahlte Beiträge
- Bezahlte positive Beiträge stellen einen klaren Verstoß gegen das Verbot bezahlter redaktioneller Werbung nach § 3 Abs. 3 UWG i.V.m. Ziff. 11 Anhang UWG sowie gegen das Trennungs- und Transparenzgebot nach §§ 4 Nr. 3 UWG, 6 TMG dar.

- Bezahlte Negativkampagnen gegen Wettbewerber sind als Werbemaßnahme ebenfalls nach § 4 Nr. 3 UWG, § 6 TMG verboten. Schwerer dürfte noch die Erfüllung der Tatbestände einer Anschwärzung entgegen § 4 Nr. 7 UWG und der sittenwidrige Schädigung (§ 826 BGB) wiegen.

WETTBEWERBSRECHT
GEWINNSPIELWERBUNG UND SONDERAKTIONEN

Im Social-Media-Bereich hat besonders § 4 Nr. 4 bzw. Nr. 5 UWG einen höchst relevanten Anwendungsbereich, da dort besonders Gewinnspiele zur Kundenbindung genutzt werden.

„Unlauter handelt danach, wer
- *bei Verkaufsförderungsmaßnahmen wie Preisnachlässen, Zugaben oder Geschenken die Bedingungen für ihre Inanspruchnahme nicht klar und deutlich angibt,*
- *bei Preisausschreiben oder Gewinnspielen mit Werbecharakter die Teilnahmebedingungen nicht klar und eindeutig angibt."*

Verkaufsförderungsmaßnahmen i.S.v. Nr. 4 umfassen jede Sonderverkaufsaktion, wie SSV und WSV sowie Rabatte und Zugaben.

Preisausschreiben sind die öffentliche Aufforderung zur Teilnahme an einem Wettbewerb, bei der der Gewinner aufgrund seiner Fähigkeiten oder Kenntnisse ermittelt wird (Preisrätsel); vgl. § 657 BGB.

Gewinnspiel ist die Aufforderung zur Teilnahme an einem Spiel, bei dem der Gewinner durch ein Zufallselement ermittelt wird. Ein Glücksspiel (§ 284 StGB) ist ein Gewinnspiel unter Leistung eines vermögenswerten Einsatzes für die Teilnahme.

INHALTLICHE AUSGESTALTUNG

Bei der inhaltlichen Ausgestaltung der Bedingungen ist der Anbieter frei. Er kann den Teilnehmerkreis vorgeben, die Bedingungen zur Teilnahme bestimmen und die Dauer des Gewinnspiels sowie den Spielplan festlegen.

Bei der Kopplung der Teilnahmeerlaubnis an den Erwerb einer Ware bestand bis vor Kurzem die Gefahr eines Wettbewerbsverstoßes gemäß § 4 Nr. 6 UWG. Ein allumfassendes Verbot dieser Kopplung wurde jedoch als europarechtswidrig angesehen, sodass Kopplungen von Gewinnspiel und Warenabsatz in den allgemeinen Grenzen insbesondere der Irreführung und des sog. übertriebenen Anlockens mittlerweile erlaubt sind (BGH, Urt. v. 5.10.2010, Az. I ZR 4/06 – Millionen-Chance II).

Bei Gewinnspielen auf Facebook müssen zudem die Richtlinien für Promotions eingehalten werden.

Danach gilt:
- Das Gewinnspiel darf nur innerhalb einer gesonderten technischen Anwendung stattfinden, die nicht auf der Pinnwand, sondern auf einem Reiter in Facebook oder selbständig läuft;
- die Teilnahme am Gewinnspiel darf nicht durch das Klicken des „Gefällt mir"-Buttons erfolgen;
- eine Gewinnbenachrichtigung darf nicht über Facebook-Nachrichten erfolgen;
- wesentliche Hinweispflichten sind einzuhalten

WETTBEWERBSRECHT

AUFKLÄRUNGSPFLICHT

Der Unternehmer muss die potentiellen Teilnehmer vollständig über die wesentlichen Bedingungen der Aktion aufklären, sodass jeder mögliche Interessent eine informierte geschäftliche Entscheidung treffen kann, ob er teilnehmen kann und will (BGH, Urt. v. 9. 7. 2009, Az. I ZR 64/07 – FIFA-WM-Gewinnspiel). Der Zeitpunkt des Hinweises muss eine solche informierte Entscheidung vor der Teilnahme ermöglichen.

Der Umfang der Hinweispflicht hängt von der „Nähe" der Gewinnspielwerbung zur Teilnahmemöglichkeit, von der Art des Gewinnspiels und dem verwendeten Medium ab. So muss zum Beispiel eine Werbung für ein Gewinnspiel ohne direkte Teilnahmemöglichkeit die Teilnahmebedingungen weniger detailliert aufführen als bei direkter Teilnahmemöglichkeit, bei der eine umfassende Aufklärungspflicht notwendig ist. Fernsehwerbung darf aufgrund der Beschränkung des Mediums ebenfalls weniger umfangreich sein (BGH, Urt. v. 9. 7. 2009, Az. I ZR 64/07 – FIFA-WM-Gewinnspiel).

Gewinnspiel auf Pinnwand einer Facebook-Seite

WETTBEWERBSRECHT

 Checkliste: Wesentliche Angaben

Allgemeine Angaben:
- Einschränkung der Teilnahmeberechtigten, z.B. wegen Berufs, Alters, Firmenzugehörigkeit.
- Veranstalter, Name und Anschrift
- Wie kann teilgenommen werden (z.B. Email, Telefon)
- Teilnahmeschluss
- Art der Gewinnerermittlung (Ziehung, Jury) und Gewinnmitteilung
- Ausschluss des Rechtsweges

Besondere Angaben:
- Gegebenenfalls nähere Erklärung zu erfüllender oder lösender Aufgaben
- Einer Beschreibung des Preises bedarf es grundsätzlich nicht, da er von den Teilnahmebedingungen begrifflich nicht umfasst ist. Eine Irreführung über Art oder Wert muss jedoch nach § 5 UWG vermieden werden.
- Einfache oder mehrfache Teilnahmemöglichkeit
- Angebot des Gewinnspiels in anderem Zusammenhang (z.B. konzernweit für verschiedene Produkte)
- Gegenleistungen, wie z.B. Warenabnahme. Ob die Einwilligung in die Nutzung personenbezogener Daten z.B. für Werbezwecke zur Teilnahmebedingung gemacht werden kann, ist umstritten (unklar z.B. OLG Köln, Urt. v. 12.09.2007, Az. 6 U 63/07).

WETTBEWERBSRECHT
VERKAUFSAKTIONEN

Auch Verkaufsaktionen sind eine beliebte Werbeform auf Facebook und anderen Social-Media-Plattformen. So werden den Usern Sonderrabatte, Gutscheine oder sonstige Vorzugskonditionen als Nutzer angeboten.

Bei Verkaufsaktionen besteht eine erhöhte Gefahr für den Unternehmer, gegen wettbewerbsrechtliche Vorschriften zu verstoßen. Um eine ordnungsgemäße Durchführung zu gewährleisten, muss er die folgenden Punkte besonders beachten:

Die Bevorratung von Waren muss nach der erkennbaren Nachfrage für die Dauer der Aktion angemessen sein. Nach Ziff. 5 Anhang UWG muss der Unternehmer dies nachweisen, wenn der Vorrat nicht wenigstens für zwei Tage ausreicht.

Die wesentlichen Bedingungen und Hinweise müssen rechtzeitig erteilt werden, so dass eine informierte Kaufentscheidung möglich ist.

Hinweise müssen damit spätestens im Zeitpunkt der Kaufentscheidung detailliert vorliegen und dürfen nicht lediglich auf der Verpackung abgedruckt sein. Bei einer Aktionsbewerbung genügt die Angabe, wo weitere Informationen zu finden sind (BGH, Urt. v. 11. 3. 2009, Az. I ZR 194/06 – Geld-zurück-Garantie II).

BESONDERE ANGABEN BEI VERKAUFSAKTIONEN

- Beschreibung der Voraussetzungen zur Erlangung der Vergünstigungen

- Geltungszeitraum, sofern ein solcher besteht; keine Pflicht zur zeitlichen Begrenzung (BGH, Urt. v. 11.9.2008, I ZR 120/06, Rn. 13 – Räumungsfinale)

- Einschränkungen im Sortiment müssen bestimmbar mitgeteilt werden („ausgenommen Werbeware" reicht nicht, OLG Köln, Urt. v. 14.10.2005, Az. 6 U 57/05)

- Wenn die Aktion nur für vorrätige Ware gilt, nicht jedoch für Bestellware, muss dies ebenfalls mitgeteilt werden (OLG Stuttgart, Urt. v. 22.11.2007, Az. 2 U 45/07)

WETTBEWERBSRECHT
SONSTIGE TATBESTÄNDE

§ 4 Nr. 9 UWG: Die Vorschrift verbietet die Nachahmung fremder Leistungen, z.B. die Übernahme von Elementen und Funktionalitäten eines sozialen Netzwerks (LG Köln, Urt. v. 16.6.2009, Az. 33 O 374/08 – Facebook vs. studiVZ). Übereinstimmungen und Ähnlichkeiten in der grafischen und funktionalen Gestaltung einer Webseite mit einer anderen sind aber nur dann unlautere Nachahmungen, wenn die nachgeahmte Webseite auf dem deutschen Markt eine gewisse Bekanntheit bei erheblichen Teilen der angesprochenen Verkehrskreise erlangt hat und dadurch die Gefahr einer Herkunftstäuschung besteht. Entscheidend ist dabei der zeitliche Abstand, also wann die Nachahmung auf dem Markt eingeführt wird.

§ 4 Nr. 7 und 8 UWG: Verbot von geschäftsschädigenden Äußerungen über und Verunglimpfung von Mitbewerbern

§ 4 Nr. 10 UWG: Die gezielte Behinderung von Mitbewerbern ist eine Sammelnorm für Sachverhalte, die nicht unter die übrigen Bestimmungen fallen, z.B. die Registrierung von Domains zum Zwecke der Behinderung.

§ 4 Nr. 11 UWG: Der Rechtsbruchtatbestand regelt die Verletzung einer marktbezogenen Norm, die im Verkehr gegenüber Verbrauchern eine europarechtliche Grundlage haben muss. Besonders relevant sind die Pflichten nach der Preisangabenverordnung, darüber hinaus Pflichtangaben nach TMG, das Recht der Allgemeinen Geschäftsbedingungen sowie Fragen des E-Commerce (BGH, Urt. v. 31. 3. 2010, Az. I ZR 34/08, Rn. 25ff. – Gewährleistungsausschluss im Internet).

§§ 5, 5a UWG: Irreführung und Irreführung durch Unterlassen: Es darf nichts Falsches oder auch nur eine Irreführungsgefahr Begründendes über die Eigenschaften des Unternehmers oder seiner Produkte mitgeteilt werden. Dem Verbraucher müssen alle Informationen geben werden, die er benötigt, um eine informierte Kaufentscheidung treffen zu können.

§ 6 UWG: Im Rahmen vergleichender Werbung muss die Nachprüfbarkeit des Vergleichs möglich sein, z.B. durch Links auf Studien, die das dargestellte Ergebnis belegen. Es darf keine Ausnutzung oder Verunglimpfung von Marken Dritter erfolgen.

WETTBEWERBSRECHT
SOCIAL MEDIA UND E-MAIL-WERBUNG

Ein bis dato noch nicht erörtertes rechtliches Thema betrifft die Geltung der strengen gesetzlichen Vorschriften über die E-Mail-Werbung, vgl. § 7 Abs. 2 Nr. 3 UWG, in Social- Media-Angeboten. Der werbliche Tweet aus dem Twitter-Account eines Unternehmens fällt ebenso unter diese Regelung wie die Versendung einer Neuigkeit von der Facebook-Unternehmensseite an die Pinnwand der Fans.

E-Mail-Werbung ist nach der Vorschrift des § 7 Abs. 2 Nr. 3 UWG nur dann zulässig, wenn der Empfänger zuvor ausdrücklich eingewilligt hat. Die Möglichkeit einer nachträglichen Genehmigung oder einer nur schlüssig anzunehmenden Einwilligung ist nicht gegeben. Bereits die Versendung einer einzigen E-Mail ohne die erforderliche Einwilligung genügt, um einen Wettbewerbsverstoß zu begründen.

FACEBOOK Die für Unternehmen vorgesehenen Seiten sehen bereits technisch keine Funktion für aktive E-Mails oder sonstige Benachrichtigungen an Facebook-Nutzer vor. Vielmehr müssen diese die Seite zunächst „liken" (auf den „Gefällt mir"-Button klicken), bevor ein vom Unternehmen ausgehender Kontakt möglich ist.
Eine aktive kommerzielle Kommunikation über die den Privatpersonen vorbehaltenen Profile durch Mails und Postings ist zwar technisch möglich und weit verbreitet, nach den Facebook-Nutzungsbedingungen allerdings generell unzulässig. Wer auf diesem Wege ohne Einwilligung werbliche Nachrichten an andere Facebook-Mitglieder versendet, verstößt zudem gegen § 7 Abs. 2 Nr. 3 UWG.

WETTBEWERBSRECHT

Verbreitet unbekannt ist die Tatsache, dass mit dem Betätigen des „Gefällt mir"- Buttons in Facebook selbst oder auf der Homepage des Unternehmens gewissermaßen ein Newsletter „abonniert" wird, der regelmäßig in den Neuigkeiten der Fan-Profile erscheint. Bei diesen News des „gelikten" Unternehmens handelt es sich eindeutig um Werbung, die auch mittels elektronischer Post versendet wird. Da im Vorfeld darüber nicht aufgeklärt wird, kann allein in dem Klick auf „Like" keine wirksame Einwilligung zum Bezug dieses Newsletters gesehen werden.

XING Auch bei Xing sehen die Unternehmensprofile keine aktive Mail- oder Kontaktfunktion vor; auch hier müssen die sog. Updates abonniert werden. Darin dürfte allerdings eine wirksame Einwilligung zu sehen sein. Anders als bei Facebook dienen bei Xing aber auch die persönlichen Profile beruflichen und geschäftlichen Zwecken. Dennoch willigen Xing-Mitglieder durch die Anlegung eines Profils nicht pauschal in den Bezug von werblichen Nachrichten anderer Mitglieder ein. Die „Kalt-Aquise" sowie Spams sind hier ebenso unzulässig wie per herkömmlicher E-Mail (worauf die Nutzungsbedingungen in Ziff. 4.1.3 auch verweisen).

TWITTER Eine wirksame Einwilligung in den Bezug von werblichen Tweets dürfte dagegen erteilen, wer Follower des Twitter-Accounts eines Unternehmens wird. Hier kann kein Zweifel bestehen, dass aus einem solchen Account ausschließlich oder überwiegend Werbung per elektronischer Post kommen wird.

PRESSE- UND ÄUSSERUNGSRECHT

Das Web 2.0 lebt von der Kommunikation zwischen Anbieter und Nutzer. Für Social Media gilt dies sogar in gesteigertem Maße. Die unbegrenzte Möglichkeit beider Seiten, sich für Dritte nachverfolgbar zu äußern, wirft jedoch Fragen des Presse- und Äußerungsrechts sowie des Ehrschutzes auf, insbesondere in Bezug auf Kontrolle und Verantwortlichkeit.

JOURNALISTISCH-REDAKTIONELLE ANGEBOTE Wenngleich das Social Media Marketing in erster Linie der Präsentation von Unternehmen, Produkten und Dienstleistungen dient, erheben immer mehr Social-Media-Auftritte den Anspruch, den Nutzern mehr als bloße Werbung zu bieten. Die Ambitionen gehen mitunter so weit, dass regelrechte Redaktionen gegründet und durchaus ansprechende journalistische Inhalte dargeboten werden.

Wann die Grenze zwischen „noch Werbung" und „schon journalistisch-redaktionelle Gestaltung" überschritten ist, lässt sich nur im Einzelfall anhand einer wertenden Betrachtung beurteilen. Allerdings sind die Voraussetzungen weitaus schneller erfüllt, als dies zu vermuten wäre. Erfasst werden Angebote, durch die Informationen über beliebige Themen in Wort, Schrift, Bild oder Ton vermittelt und gestaltend bzw. kommentierend bearbeitet werden.

Überrascht dürfte insoweit auch eine Anwaltskanzlei gewesen sein, der das Oberlandesgericht Bremen bescheinigte, einen journalistisch-redaktionell gestalteten Internetauftritt zu betreiben mit der Konsequenz, dass die Kanzlei dort eine Gegendarstellung veröffentlichen musste, die ein Unternehmen verlangt hatte, welches die Verbreitung unwahrer Tatsachenbehauptungen über sich beanstandet hatte (vgl. OLG Bremen, Urt. v. 14.01.2011, Az. 2 U 115/10). Das Gericht erkannte in dem fraglichen, angeblich journalistisch-redaktionellen Angebot der Kanzlei eine

PRESSE- UND ÄUSSERUNGSRECHT

gewisse Selektivität und Strukturierung, ein hohes Maß an Aktualität und Professionalität, einen gewissen Grad an organisierter Verfestigung sowie die Gewährleistung von Kontinuität.

Neben der Verpflichtung, bei Vorliegen der gesetzlichen Voraussetzungen Gegendarstellungen zu veröffentlichen, müssen solche Angebote im Impressum einen V.i.S.d.P. (Verantwortlichen im Sinne des Presserechts) benennen, also eine natürliche Person, die mit der Benennung auch tatsächlich das Risiko einer persönlichen Haftung für rechtswidrige Veröffentlichungen übernimmt. Ein journalistisch-redaktioneller Anspruch verlangt darüber hinaus, dass vor bzw. bei Veröffentlichungen grundsätzlich die journalistischen Sorgfaltspflichten eingehalten werden müssen (vgl. zu den einzelnen Pflichten §§ 54 ff. Rundfunkstaatsvertrag).

RECHTSVERLETZUNGEN Das Presse- und Äußerungsrecht regelt im Kern den ewigen Konflikt zwischen dem Recht der Presse- und Meinungsfreiheit einerseits und dem Schutz des Persönlichkeitsrechts andererseits. Letzteres kann insbesondere verletzt werden durch:

- Unwahre Tatsachenbehauptungen
- Wahre Tatsachenbehauptungen betreffend die Intim- oder Privatsphäre
- Schmähkritik und Beleidigungen
- Veröffentlichung von Personenfotos ohne Einwilligung

PRESSE- UND ÄUSSERUNGSRECHT

Ein häufig auftretendes Problem ist die schwierige Abgrenzung zwischen Tatsachenbehauptung und Meinungsäußerung. In der Theorie klingt dies noch recht einfach: Tatsachenbehauptungen lassen sich mit Mitteln des Beweises als wahr oder unwahr klären. Meinungsäußerungen sind dagegen durch die subjektive Sicht und Einstellung des Äußernden geprägt und entziehen sich einer solchen Prüfung auf ihren Wahrheitsgehalt. In der Regel geht es allerdings um Mischformen, weshalb in diesen Fällen der Schwerpunkt der Äußerung entscheidend ist.

Die Unterscheidung ist von zentraler Bedeutung. Während unwahre Tatsachenbehauptungen annähernd ausnahmslos rechtswidrig sind, schützt das Grundgesetz Meinungsäußerungen sehr weitgehend.

Auch scharfe, polemische, zugespitzte und ausfällige Kritik kann daher noch zulässig sein. Die Grenze zur Schmähkritik ist allerdings überschritten, wenn es nicht mehr um eine Auseinandersetzung in der Sache geht, sondern lediglich die Herabwürdigung der Person im Vordergrund steht.

Das Äußerungsrecht ist auch jenseits journalistisch-redaktioneller Angebote haftungsträchtig, denn eine Verantwortlichkeit besteht nicht nur für Äußerungen des Unternehmens im eigenen Social-Media-Auftritt, sondern auch für das, was die Fans und Nutzer dort posten (vgl. dazu eingehender das Kapitel Haftungsfragen).

PRESSE- UND ÄUSSERUNGSRECHT

BLOGS, FOREN, BEWERTUNGEN Bei Blogs, Foren und Bewertungen stellt sich die Frage, ob der Betreiber einer Seite (etwa eines Social-Media-Auftritts) frei über die Veröffentlichung eingehender Blog-Beiträge, Wertungen etc. entscheiden darf oder ob ein „Anspruch" des Users auf Veröffentlichung besteht:

- Rechtswidrige Beiträge müssen und dürfen gesperrt bzw. gelöscht werden.

- Auch bei unerwünschten Beiträgen, insbesondere kritischen Äußerungen über das eigene Unternehmen oder ein bestimmtes Produkt besteht kein „Zensur-Verbot". Eine Pflicht zur Veröffentlichung der Kritik Dritter am eigenen Unternehmen besteht also nicht. Wenn allerdings der unzutreffende Eindruck erweckt wird, dass in dem Blog ausschließlich oder überwiegend positive Beiträge gepostet werden, kann gegebenenfalls ein Verstoß gegen das Irreführungsverbot nach § 5 UWG vorliegen.

- Das Ändern oder Kürzen von Beiträgen ist grundsätzlich unzulässig.

PRESSE- UND ÄUSSERUNGSRECHT

Anders gestaltet sich die Rechtslage bei (negativen) Bewertungen des eigenen Unternehmens durch Dritte auf anderen Plattformen (z.B. Bewertungsportalen):

- Im Fall einer beanstandeten eBay-Bewertung wurde ein Löschungsanspruch vom Oberlandesgericht Düsseldorf abgelehnt (Beschl. v. 28.02.2011, Az. I-15 W 14/11).
- Die Klage einer Lehrerin gegen Bewertungen ihrer Person durch Schüler in dem Portal Spickmich.de scheiterte vor dem Bundesgerichtshof (BGH, Urt. v. 23.6.2009, Az. VI ZR 196/08).
- Auch das OLG Hamburg hat bei einem Hotelbewertungsportal entschieden, dass ein Hotel kein allgemeines Bewertungsverbot verlangen kann, auch nicht gegen anonyme Bewertungen (Urt. v. 18.01.2012, Az. 5 U 51/11).

Gegen negative Bewertungen kann sich ein Unternehmen somit nur dann wehren, wenn sie unwahre Tatsachenbehauptungen enthalten, schmähenden Charakter haben oder – im Bereich des Wettbewerbsrechts – pauschal herabsetzend sind.

ALLGEMEINE HAFTUNGSFRAGEN

PROVIDERHAFTUNG FÜR RECHTSWIDRIGES VERHALTEN DRITTER Zur Haftung für Handlungen Dritter auf der eigenen Plattform gibt es unterschiedliche, sehr problematische Fallbeispiele. Stellen z.B. Fans der Seite unter Verletzung von Urheberrechten Filme in den unternehmenseigenen YouTube-Channel ein oder verletzen sie Persönlichkeitsrechte im unternehmenseigenen Forum auf Facebook, so sind nicht immer nur sie verantwortlich. Unter bestimmten Voraussetzungen, zu denen sich eine sehr differenzierte Rechtsprechung entwickelt hat, haften auch die Provider für fremde Inhalte.

Für Inhalte, die von Fans auf einer Facebook-Unternehmensseite gepostet werden, gilt das Unternehmen als Hostprovider, es sei denn, das Unternehmen macht sich die Inhalte zu eigen. Nur in diesem Fall gelten sie tatsächlich auch als eigene Inhalte. Der Hostprovider hingegen haftet für fremde Inhalte grundsätzlich erst ab dem Zeitpunkt, an dem er von der Rechtswidrigkeit der Inhalte erfährt. Er muss dann gleichartige Verstöße mit zumutbaren Maßnahmen verhindern (BGH, Urt. v. 22. 7. 2010, Az. I ZR 139/08 – Kinderhochstühle im Internet). Eine umfassende vorherige Prüfungspflicht besteht für den Hostprovider nicht, wenn die Inhalte bei einer Beanstandung immer sofort gelöscht werden und das Angebot nicht besonders „verletzungsanfällig" ist (OLG Hamburg, Urt. v. 4.2.2009, Az. 5 U 180/07 – Long Island Ice Tea).

Nachdem der Provider Kenntnis von einer Verletzung erlang hat, kann er allerdings für weitere offensichtliche Verletzungen haften, die gleiche Schutzrechtssachverhalte betreffen (BGH, Urt. v. 11.3.2004, Az. I ZR 304/01 – Internetversteigerung I). Ihn trifft ferner die Pflicht, alles technisch Mögliche und Zumutbare zu tun, um gleichartige Verletzung zu vermeiden (BGH, Urt. v. 19.4.2007, Az. I ZR 35/04 – Internetversteigerung II).

ALLGEMEINE HAFTUNGSFRAGEN

Ebenso besteht eine Haftung bei der Verletzung von sog. Verkehrspflichten, was insbesondere bei hohen Rechtsgütern wie dem Jugendschutz der Fall sein kann (BGH, Urt. v. 12.7.2007, Az. I ZR 18/04 – Jugendgefährdende Medien bei ebay).

HAFTUNG FÜR EIGENE INHALTE Außerhalb der Provider-Verantwortlichkeit haftet das Unternehmen für eigene Inhalte gem. § 7 I TMG uneingeschränkt. Daher sind bei der Einstellung von Inhalten vor allem die Rechte Dritter, wie Rechte an Marken und Unternehmenskennzeichen, Urheberrechte sowie Persönlichkeitsrechte wie das Recht am eigenen Bild und ebenso der Ehrschutz zu beachten.

Die Verantwortlichkeit für eigene Handlungen des Unternehmens umfasst auch die Haftung für das Verhalten von Mitarbeitern und Beauftragten nach §§ 8 Abs. 2 UWG bzw. 14 Abs. 7 MarkenG, sodass in diesem Bereich entsprechende Regelungen und Kontrollmechanismen geschaffen werden müssen.

VERANTWORTLICHKEIT FÜR HYPERLINKS Hyperlinks können eine Haftung begründen, doch hängt das von Bedingungen ab. Wird der Link selber gesetzt, kommt es darauf an, ob man sich den Inhalt der verlinkten Seite zu eigen macht. Dies wiederum hängt davon ab, wie der Link eingebunden ist. Wird z.B. befürwortend über den Inhalt berichtet, kommt ein „sich zu eigen machen" durchaus in Betracht. Andererseits lässt sich auch an eine kritische Auseinandersetzung denken, die im Sinne der Presse- und Meinungsfreiheit erlaubt wäre (BGH, Urt. v. 14.10.2010, Az. I ZR 191/08 – AnyDVD).

ALLGEMEINE HAFTUNGSFRAGEN

Wird ein Link von einem Dritten auf der eigenen Seite gesetzt, so haftet das Unternehmen in der Regel nicht für den Inhalt des Links - es sei denn, man hat Kenntnis von der Verlinkung und der Rechtswidrigkeit des Inhalts (LG Frankfurt, Beschl. v. 20.4.2010, 3-08 O 46/10 – Link auf Twitter).

VERHALTEN BEI HINWEISEN AUF RECHTWIDRIGE INHALTE

- Inhalte prüfen! Es besteht allerdings keine Pflicht zur Beschäftigung eines Inhouse-Juristen.

- Ersichtlich rechtswidrige Inhalte müssen sofort gelöscht werden.

- Bei Zweifeln können weitere Darlegungen verlangt werden, warum der Inhalt rechtwidrig sein soll.

- „Notice and Takedown"-Funktion bereithalten oder sicherstellen, dass Beanstandungen unverzüglich zur Kenntnis genommen werden.

- **Problem:** In Zweifelsfällen droht entweder eine Haftung oder schlechte Publicity wegen der Löschung von User-Beiträgen.

- **Empfehlung:** Rechtlich sicher ist es, im Zweifel zu löschen. Ein Anspruch auf Beibehaltung fremder Inhalte besteht nicht. Die Aufrechterhaltung des Inhalts hat bei einer Fehleinschätzung Haftungsfolgen.

ALLGEMEINE HAFTUNGSFRAGEN

RECHTSFOLGEN Die Rechtsfolgen bei einer Verletzungshandlung sind unterschiedlich. In jedem Fall hat der Betroffene einen Anspruch auf Unterlassung. Bei unlauterer Veranstaltung von Gewinnspielen kann der Unterlassungsanspruch auch die Durchführung betreffen, d.h. das Gewinnspiel darf auch mit den bisherigen Teilnehmern nicht weiter durchgeführt und der Preis darf nicht vergeben werden. Weitere Ansprüche können sich auf Auskunft, Schadensersatz und Kostenerstattung beziehen. Besonders im Rahmen des Äußerungsrechts besteht weiterhin die Möglichkeit, dass ein Widerruf oder eine Gegendarstellung durchgesetzt werden kann. Schließlich besteht die nicht zu unterschätzende Gefahr eines PR-Gaus.

SOCIAL MEDIA GUIDELINES IM BETRIEB

Wegen der zunehmenden Bedeutung der Social Media für die interne und externe Unternehmenskommunikation geben sich immer mehr Unternehmen interne Richtlinien zur Nutzung von Social Media am Arbeitsplatz. Solche Social Media Guidelines können von Vorteil sein. Sie bieten:

- **Eine gewisse Möglichkeit zur Reduzierung des Haftungsrisikos**
- **rechtliche Verbindlichkeit**
- **Qualitätsvorgaben für den Unternehmensauftritt**

IN SOCIAL MEDIA GUIDELINES SOLLTEN FOLGENDE ASPEKTE GEREGELT WERDEN

Grundsatzfragen:
- Ist die Nutzung von Social-Media-Plattformen gestattet und wenn ja, darf das nur zu dienstlichen Zwecken oder auch privat geschehen?

- Zuständigkeit: Wer darf für das Unternehmen auf Social-Media-Seiten auftreten? In der Regel wird die Zuständigkeit in der Abteilung für Presse- und Öffentlichkeit oder beim Marketing konzentriert. Allerdings sind auch Modelle denkbar, bei denen eine Vielzahl von Mitarbeitern (z.B. aus dem Vertrieb) für das Unternehmen in Social Media auftreten (z.B. bei Xing).

SOCIAL MEDIA GUIDELINES IM BETRIEB

- Welche Social-Media-Kanäle sollen belegt werden? Sind Facebook, YouTube und Twitter die richtigen Plattformen für ein B2B-Geschäft? Erfolgt (zunächst) eine Konzentration auf ein bis zwei Netzwerke oder werden auf sämtlichen gängigen Plattformen Profile bzw. Seiten angelegt und betrieben?

Regelungen zur Art der Eigenpräsentation
(z.B. Kleidung) und zum Umgang mit Usern (formell „Sie" oder locker „Du")

Pflicht zur „Kennzeichnung" privater und dienstlicher Äußerungen
⇒ dient der Vermeidung
- der Zurechnung privater Äußerungen als offizielle Stellungnahme des Unternehmens
- von Schleichwerbung, § 4 Nr. 3 UWG

SOCIAL MEDIA GUIDELINES IM BETRIEB

Hinweise auf
- Verschwiegenheitspflicht insbesondere zu Geschäfts- und Betriebsgeheimnissen (§ 17 UWG)
- Loyalitätspflicht, etwa bei Äußerungen über den Arbeitgeber z.B. in Foren oder Blogs (vgl. z.B. ArbG Bochum, Urt. v. 29.03.2012, 3 Ca 1283/11)
- das allgemeine Arbeitsrecht und sonstige betrieblicher Regelungen
- Pflicht zur Beachtung des UWG, MarkenG, UrhG, Persönlichkeitsrechts etc. und die Eigenverantwortlichkeit/ Haftung des Mitarbeiters
- arbeitsrechtliche und sonstige Konsequenzen bei Nichtbeachtung

Regelungen zum Umgang mit Kritik am Unternehmen
(Krisenmanagement) sowie zur Entfernung rechtswidriger Inhalte Dritter (notice and take down)

Regelung betreffend der Kontakte geschäftlich genutzter Social-Media-Profile
(z.B. Xing, LinkedIn), insbesondere für die Zeit nach Beendigung des Arbeitsverhältnisses. Andernfalls kann später ein Streit darüber entstehen, wem diese Kontakte „gehören", wie z.B. im Fall Laura Kuenssberg ./. BBC, die als politische Chefkorrespondentin zum Wettbewerber ITV wechselte und durch eine Änderung des Accountnamens von @BBCLauraK zu @ITVLaurak 60.000 Twitter-Follower mitnahm.

Bei der Einführung von Social Media Guidelines ist eine Beteiligung bzw. Mitbestimmung des Betriebsrats erforderlich. Daher muss der Betriebsrat so früh wie möglich umfassend unterrichtet werden.